Carmen Bin Ladin

Der zerrissene Schleier

Mein Leben in Saudi-Arabien

Carmen Bin Ladin

Der zerrissene Schleier

Mein Leben
in Saudi-Arabien

Aus dem Englischen von
Ulrike Wasel und Klaus Timmermann

Droemer

Originaltitel: The Opaque Kingdom
My Life in Saudi-Arabia
Der Titel ist bisher in keinem anderen Land erschienen.

Anmerkung:
*Alles in diesem Buch hat sich so ereignet,
wie ich es geschildert habe. Allerdings habe ich die Namen
zweier lieber Freunde geändert, Latifa und Turki,
und auf ihre Bitte hin auch den Namen
von Latifas Vater, Prinz Mansur.*

Die Folie des Schutzumschlags sowie die Einschweißfolie
sind PE-Folien und biologisch abbaubar.
Dieses Buch wurde auf chlor- und säurefreiem
Papier gedruckt.

Ein Unternehmen der Droemerschen Verlagsanstalt
Th. Knaur Nachf. GmbH & Co. KG, München

Umschlaggestaltung: ZERO Werbeagentur, München
Umschlagabbildung: FinePic, München
Satz: Ventura Publisher im Verlag
Druck und Bindung: Clausen & Bosse, Leck
Printed in Germany
ISBN 3-426-27321-7

4 5 3

Dieses Buch widme ich
meinen Töchtern Waffa, Nadscha und Nur
und meiner Mutter

VORWORT

BRIEF AN MEINE TÖCHTER

Liebste Waffa, liebste Nadscha, liebste Nur!

Mit großer Freude und Hoffnung – und auch mit banger Sorge – habe ich mich darangemacht, die Geschichte meines Lebens aufzuschreiben. Dieses Buch ist für euch. Natürlich habe ich euch schon das ein oder andere erzählt und ihr habt eine ungefähre Vorstellung vom Leben in Saudi-Arabien, aber ich hoffe, durch mein Buch wird euch der Teil eurer Herkunft zugänglicher werden, den ihr, Waffa und Nadscha, völlig vergessen habt und den du, Nur, nicht mehr kennen lernen konntest. Im Laufe der Jahre, während ich euch zu den wunderbaren Menschen heranwachsen sah, die ihr heute seid, wurde mir immer klarer, dass ein Einblick in meine persönlichen Erfahrungen in Saudi-Arabien euch helfen könnte, die schwierigen Zeiten besser zu verstehen, die ihr durchmachen musstet, seit wir das Land verließen.

Wie ihr wisst, bin ich zutiefst davon überzeugt, dass die Freiheit, sich eine Meinung zu bilden und sie zu äußern, das wertvollste Geschenk überhaupt ist. Bitte betrachtet diese Freiheit nie als etwas Selbstverständliches. Ich möchte euch noch einmal etwas ans Herz legen, was ihr bereits wisst: Materieller Reichtum bringt zwar viele Annehmlichkeiten, doch er ist bedeutungslos, wenn er mit einem goldenen Käfig einhergeht – vor allem dann, wenn man als Frau nicht tun kann, was man möchte, oder die sein kann, die man sein möchte.

Auch wenn ich in den letzten Jahren aus nahe liegenden Gründen nicht wieder in Saudi-Arabien war, diskutiere ich mit meinen dortigen Freundinnen nach wie vor über die Ereignisse im Königreich. Ich weiß, dass sich ihr Leben nicht zu ihrem Vorteil verändert hat. Im Grunde meines Herzens bin ich überzeugt, dass es richtig von mir war, unsere Verbindung zu dem Land zu durchtrennen. Ich bedauere lediglich – und dieses Bedauern wird mich mein Leben lang begleiten –, dass ihr einen so hohen emotionalen Preis zahlen musstet. Ich hoffe, es ist ein Trost für euch, dass ich es als eine Ehre und Auszeichnung empfinde, eure Mutter zu sein. Eines weiß ich: Ohne euch wäre ich ein weitaus schwächerer Mensch, denn ihr seid die Quelle meines Mutes, meiner Stärke, meiner Willenskraft.

Vor allen Dingen sollt ihr wissen, dass alles, was ich getan habe – ob es nun richtig war oder falsch –, nur einen Beweggrund hatte: meine Liebe zu euch. Danke für alles, was ihr mir gegeben habt, indem ihr einfach ihr selbst seid. Indem ihr da seid.

1

11. September

Der 11. September 2001 war ein tragisches Datum, eines der tragischsten unserer Zeit. Er raubte und zerstörte das Leben Tausender unschuldiger Menschen. Durch ihn verlor die westliche Welt ihr Freiheits- und Sicherheitsgefühl. Für mich war er ein Albtraum aus Trauer und Entsetzen – ein Albtraum, der mich und meine drei Töchter, solange wir leben, nicht mehr loslassen wird.

Und dennoch begann der 11. September als ein strahlender spätsommerlicher Tag. Ich saß im Auto mit meiner ältesten Tochter Waffa, und wir machten gerade einen Ausflug von Lausanne nach Genf, als mich ein Freund aus New York auf dem Handy anrief.

»Es ist was Furchtbares passiert«, sagte er mit aufgeregter Stimme. Er war in seinem Büro, das nur ein paar Querstraßen vom Zentrum des Anschlags entfernt lag. »Unglaublich – ein Flugzeug ist in einen Turm des World Trade Centers geflogen.« Und auf einmal wurde seine Stimme noch lauter: »Moment – da ist noch ein Flugzeug – es fliegt direkt auf den zweiten Turm zu. O Gott«, und jetzt schrie er in den Hörer: »Es ist in den zweiten Turm gekracht!«

In diesem Moment wurde mir schlagartig klar, dass das kein Unfall war. Das konnte nur ein gezielter Anschlag sein, auf ein Land, das ich immer geliebt hatte und das mir zur zweiten Heimat geworden war. Ich erstarrte. Und dann erfasste mich blankes Entsetzen, als mir bewusst wurde, dass hinter diesem schrecklichen Verbrechen der Schatten meines Schwagers lauern könnte: Osama Bin Ladin.

Neben mir schrie meine Tochter Waffa: »Was ist denn? Was ist passiert?« Ich stand unter Schock. Ich brachte nur ein paar Worte hervor. Waffa lebte in New York. Sie hatte gerade ihr Jurastudium an der Columbia Law School abgeschlossen und den Sommer bei mir in der Schweiz verbracht. Sie wollte in vier Tagen wieder zurück nach New York. Jetzt war sie in Tränen aufgelöst, tippte fieberhaft Telefonnummern in ihr Handy, um alle ihre Freunde anzurufen.

Mein erster Impuls war, meine beste Freundin Mary Martha in Kalifornien anzurufen. Ich musste einfach ihre Stimme hören. Sie hatte bereits von dem Anschlag in New York erfahren, und von ihr hörte ich, dass eine dritte Maschine soeben ins Pentagon eingeschlagen war. Die Welt war aus der Bahn geraten: Ich konnte es förmlich spüren.

Ich fuhr so schnell ich konnte zur Schule meiner jüngsten Tochter Nur. Das Entsetzen in ihren Augen verriet mir, dass sie schon Bescheid wusste. Ihr Gesicht war kalkweiß.

Wir rasten zurück nach Hause und trafen meine mittlere Tochter Nadscha vor der Tür, als sie gerade von der Uni kam. Auch sie war völlig verstört. Genau wie viele Millionen Menschen rund um den Globus saßen die Kinder und ich wie gebannt vor dem Fernseher, weinten und riefen zwischendurch alle unsere Bekannten an.

Die Stunden verstrichen, und meine schlimmste Befürchtung wurde wahr. Jede Nachrichtensendung brachte das Gesicht und den Namen eines Mannes: Osama Bin Ladin. Der Onkel meiner Töchter. Ein Mann, mit dem sie zwar den Namen teilten, dem sie aber nie persönlich begegnet waren und dessen Werte ihnen völlig fremd waren. Ich hatte ein mulmiges Gefühl in der Magengrube. Dieser Tag würde unser aller Leben für immer verändern.

Osama Bin Ladin ist der jüngere Bruder meines Mannes Jeslam. Er ist einer von vielen Brüdern, und ich hatte ihn nur flüchtig kennen gelernt, als ich vor Jahren in Saudi-Arabien lebte. Damals war Osama ein junger Mann. Aber er war schon immer eine imposante Erscheinung. Osama war groß und ernst, und seine tiefe Frömmigkeit hatte etwas Einschüchterndes an sich, selbst für die religiöseren Mitglieder der Familie.

Je länger ich im Kreis der Familie Bin Ladin in Saudi-Arabien lebte, desto stärker verkörperte Osama für mich all das, was ich an diesem dunklen und kargen Land abstoßend fand: den unbarmherzigen dogmatischen Glauben, der unser aller Leben bestimmte, die Arroganz und Selbstherrlichkeit der Saudis und ihr mangelndes Mitgefühl für Menschen, die andere Anschauungen hatten als sie. Die Verachtung für Außenstehende und die unnachgiebige Orthodoxie spornten mich zu einem vierzehn Jahre währenden Kampf an, um meinen Kindern ein Leben in der freien Welt zu ermöglichen.

Mit dem Ziel vor Augen, meine Bindung an Saudi-Arabien abzuschütteln, fing ich an, Informationen über die Bin Ladins, die Familie meines Mannes, zu sammeln. Ich musste mit ansehen, wie Osama immer mächtiger und gefürchteter wurde, während er von seinem Zufluchtsort in Afghanistan aus den mörderischen Zorn gegen die Vereinigten Staaten immer stärker anheizte.

Osama war ein *Warlord,* der die afghanischen Rebellen in ihrem Kampf gegen die sowjetische Besatzung unterstützte. Als die Sowjets abzogen, kehrte Osama in seine Heimat Saudi-Arabien zurück. Für viele Menschen war er schon damals ein Held.

Als der Irak 1990 in Kuwait einmarschierte, war Osama darüber empört, dass die US-Truppen vorhatten, Saudi-Arabien als Stützpunkt zu benutzen. Er bot dem saudischen König Fahd seine afghanischen Kämpfer zum Kampf gegen Saddam Hussein an. Unter den Prinzen waren manche besonders religiös, und sie konnten Osamas Ideen einiges abgewinnen, doch König Fahd lehnte ab.

Daraufhin begann Osama, öffentlich sowohl gegen die Korruption und den moralischen Verfall der saudischen Herrscherfamilie zu wettern als auch gegen die Amerikaner, die sie ja unterstützten. Schließlich war Osama gezwungen, sein Heimatland zu verlassen und in den Sudan zu fliehen, wo er sich in einem von bewaffneten Gefolgsleuten und Panzern geschützten Anwesen verschanzte. Von dort aus ging er dann zurück nach Afghanistan.

Damals sprach Jeslam, mein Ehemann, noch mit

mir, obwohl wir schon getrennt lebten. Er hielt mich darüber auf dem Laufenden, was in Saudi-Arabien und in der Familie Bin Ladin geschah – und er erzählte mir auch, wo Osama gerade steckte. Jeslam sagte, dass Osamas Macht stetig zunahm, obwohl er im Exil lebte. Osama stehe unter dem Schutz des konservativen, hoch angesehenen Kronprinzen Abdallah, dem Thronerben und Oberbefehlshaber der saudi-arabischen Nationalgarde.

Als im Jahre 1996 vor den Khobar Towers, einer Wohnanlage der US-Luftwaffe bei Dahran im Osten Saudi-Arabiens, ein Tanklaster explodierte, geriet Osama in Verdacht, einer der Drahtzieher zu sein. Ich war entsetzt, aber ich wusste auch, dass es die Wahrheit sein könnte. Wer sonst könnte in einem so streng kontrollierten Land eine so gewaltige Menge Sprengstoff auftreiben und einsetzen? Osama war ein Kämpfer, ein religiöser Fanatiker, und er stammte aus einer Familie, der mit der »Bin Ladin Corporation« das reichste und mächtigste Bauunternehmen in Saudi-Arabien gehörte. Ich kannte Osamas extreme Ansichten, und tief in meinem Herzen spürte ich, dass er zu schrecklicher, blinder Gewalt fähig war.

Es folgte eine ganze Serie von Anschlägen, und ich las alles, was ich über Osama auftreiben konnte. Als dann am 9. September 2001 die Nachricht kam, dass der afghanische Kämpfer Achmed Schah Massud bei einem Anschlag getötet worden war, wusste ich gleich, dass Osama dahinter steckte. Ich ging mit einem mulmigen Gefühl zum Fernseher. »Das war Osama. Er bereitet irgendwas richtig Furchtbares vor.« – »Ach Carmen, du steigerst dich da in was rein«, sagte eine Freundin von mir. Aber ich war mir sicher.

Ich wünschte, ich hätte mich geirrt.

Niemals hätte ich es für möglich gehalten, dass Osama einen Angriff auf das Herz von New York plante. Einen Anschlag auf eine Botschaft hätte ich mir vorstellen können – das wäre schon schlimm genug gewesen. Aber als die Türme des World Trade Center nur zwei Tage nach Massuds Tod in Flammen aufgingen, war es wieder da, das mulmige Gefühl in der Magengrube. Die Angst.

Jetzt weiß ich, dass sie nie wieder weggehen wird.

In den Tagen nach dem Anschlag auf das World Trade Center lebten wir praktisch mit dem Fernseher. Während sich der Staub auf die Straßen New Yorks legte, der Lieblingsstadt meiner Töchter, stieg die Zahl der Opfer immer höher. Wir sahen Menschen nach Vermissten suchen, Schnappschüsse aus glücklichen Tagen in der Hand. Trauernde Angehörige erzählten Reportern von den letzten Nachrichten, die ihre Lieben auf Anrufbeantwortern hinterlassen hatten, kurz bevor sie starben. Wir sahen die grauenvollen Bilder der aus den Türmen springenden Menschen. Ich dachte immerzu: »Was, wenn Waffa dort gewesen wäre?« Ich empfand tiefstes Mitgefühl für all die Mütter, all die Kinder.

Meine drei Töchter waren außer sich vor Trauer und Bestürzung. Meine Jüngste, Nur, die erst ein Jahr zuvor eine amerikanische Fahne aus South Carolina mitgebracht und in ihrem Zimmer an die Wand gehängt hatte, war untröstlich. Sie schluchzte: »Mom, New York wird nie wieder so sein, wie es war.« Zum Glück wurde sie nicht zur Zielscheibe von Feindseligkeiten seitens ihrer Klassenkameraden: Wegen ihrer Begeisterung für Amerika war sie schon öfters geneckt worden, daher wussten alle ihre Freunde, wie tief betroffen meine Kleine war.

Wir gingen kaum noch vor die Tür. Ununterbrochen riefen Reporter an: Ich war die einzige Bin Ladin in Europa, die im Telefonbuch stand. Freunde meldeten sich, mit angespannter Stimme. Dann hörten ihre Anrufe auf. Wir wurden sehr schnell zu *personae non gratae.* Der Name Bin Ladin schreckte sogar die abgebrühtesten Geschäftsleute ab. Ein neuer Anwalt weigerte sich, meine Scheidung zu übernehmen.

Nadscha ging es von uns allen am meisten unter die Haut, was die Opfer der Anschläge durchleiden mussten. Sie konnte kaum die Fernsehbilder ertragen. Hinzu kam, dass ihr Familienname plötzlich in aller Munde war; für einen so zurückhaltenden Menschen wie sie war das besonders schwierig. Nadscha ist wohl die stillste von meinen Töchtern. Sie zeigt ihre Gefühle nicht so ohne weiteres, aber ich sah, dass sie tief getroffen war.

Es war eine schreckliche Ironie des Schicksals, dass wir uns mit den Opfern identifizierten und trauerten, während die Welt uns als Aggressoren sah. Wir waren in einer kafkaesken Situation – vor allem Waffa. Nach ihrem vierjährigen Jurastudium in New York fühlte Waffa sich in der Stadt zu Hause. Sie wohnte nicht weit vom World Trade Center entfernt. Sie sprach nur noch von ihren Freunden dort; sie hatte das Gefühl, jetzt in New York sein zu müssen, und sie wollte sofort zurückfliegen.

Dann berichtete eine Zeitung, Waffa sei rechtzeitig gewarnt worden: Sie habe, so hieß es, New York nur wenige Tage vor dem Anschlag verlassen. Das stimmte nicht. Waffa war seit Juni bei mir in der Schweiz gewesen. Doch andere Zeitungen griffen die Sache auf. Sie behaupteten, Waffa hätte vorher von dem Anschlag erfahren und nichts unternommen, um die Menschen und das Land, das sie liebte, zu schützen.

Eine Freundin, die vorübergehend in Waffas New Yorker Apartment wohnte, rief an: Sie hatte erste Morddrohungen erhalten. Die Reaktion war verständlich – wie sollten Fremde die Bin Ladins voneinander unterscheiden können?

Mir blieb keine andere Wahl. Ich war die Einzige, die meine Töchter verteidigen konnte. Ich ging an die Öffentlichkeit und stellte klar, dass meine drei Töchter und ich mit dem bösen, barbarischen Anschlag auf Amerika, das Land, das wir liebten und dessen Werte wir teilten und bewunderten, nicht das Geringste zu tun hätten. Ich trat im Fernsehen auf. Ich brachte in Leserbriefen unsere Trauer zum Ausdruck. Mein langer Kampf, um mich und meine Kinder aus dem Gefängnis Saudi-Arabien zu befreien, war das Einzige, was ich als Beweis für unsere Unschuld vorbringen konnte. Und natürlich unseren guten Willen und das Mitgefühl, das wir für Osamas Opfer empfanden.

Ich hatte so sehr gehofft, dass mein erbitterter Kampf gegen die Bin Ladins und ihr Land endlich ein Ende finden würde. Doch jetzt stand mir eine ganz neue Auseinandersetzung bevor. Ich würde meinen Kindern über die Angst hinweghelfen müssen, die sie empfanden, als ihr Name zum Synonym für das Böse, für Niedertracht und Tod wurde.

Mein Privatleben war eine öffentliche Geschichte geworden.

Paradoxerweise konnten die Menschen in meinem Umfeld erst nach dem 11. September ermessen, was mein vierzehnjähriger Kampf um Freiheit von Saudi-Arabien bedeutete. Vor diesem Tag hatte sich wohl keiner wirklich vergegenwärtigt, was für mich auf dem Spiel stand – nicht die Gerichte, nicht der Richter, nicht einmal meine Freunde. Selbst in meiner Heimat, der Schweiz, sah man mich im Grunde als eine Frau von vielen, die in einen hässlichen internationalen Scheidungskrieg verwickelt war.

Mir war jedoch immer bewusst, dass es in meinem Kampf um sehr viel mehr ging. Ich kämpfte darum, mich von einer der mächtigsten Gesellschaften und Familien der Welt zu befreien – meine Töchter vor einer gnadenlosen Kultur zu retten, die ihnen die elementarsten Rechte versagte. In Saudi-Arabien hätten sie nicht einmal allein auf die Straße gehen, geschweige denn selbst über ihren Lebensweg entscheiden können. Ich kämpfte darum, sie zu befreien: von den radikal fundamentalistischen Werten der saudischen Gesellschaft ebenso wie von der dort herrschenden Verachtung für die Toleranz und die Freiheit des Westens, die ich inzwischen gar nicht hoch genug schätzen kann.

Leider versteht der Westen Saudi-Arabien und sein rigides Wertesystem auch heute noch nicht gänzlich. Ich habe dort gelebt, neun Jahre lang, inmitten des einflussreichen Bin-Ladin-Clans, der enge und vielfältige Verbindungen zur königlichen Familie unterhält. Meine Töchter besuchten saudische Schulen. Ich führte weitestgehend das Leben einer saudischen Frau. Und mit der Zeit lernte und analysierte ich die Mechanismen dieser für Außenstehende undurchsichtigen Gesellschaft ebenso wie die harten und bitteren Regeln, die sie ihren Töchtern aufzwingt.

Ich wollte nicht tatenlos zusehen, wie der hellwache Verstand meiner Kinder erstickt wurde. Ich wollte ihnen nicht beibringen, sich den Werten Saudi-Arabiens zu unterwerfen. Ich wollte nicht mit ansehen müssen, wie man sie als Rebellinnen abstempelte, weil ich ihnen westliche Wertvorstellungen vermittelte – mit all den Strafen, die das nach sich ziehen konnte. Und wenn sie sich den arabischen Normen fügten, wollte ich nicht mit ansehen müssen, wie sie allmählich zu den gesichtslosen, sprachlosen Frauen wurden, unter denen ich lebte.

Vor allen Dingen wollte ich nicht, dass meinen Töchtern das vorenthalten blieb, was mir das Allerwichtigste war: die Freiheit, eigene Entscheidungen zu treffen. Ich musste sie befreien – und mich selbst. Diese Befreiung sollte mein Geschenk an meine Kinder sein.

Dies ist meine Geschichte.

2

Ein geheimer Garten

In dem Jahr, als ich meinen Mann Jeslam kennen lernte, lag eine unbekümmerte Sorglosigkeit in der Luft. Es war 1973, und junge Menschen regierten die Welt. Ich war extrovertiert und leutselig, hatte das Gymnasium seit zwei Jahren hinter mir. Aber in jenem Sommer wusste ich noch nicht so recht, was aus mir werden sollte. Ich interessierte mich für Jura, wollte die Schutzlosen verteidigen. Ich wollte reisen und Abenteuer erleben. Ich wollte meinem Leben einen Sinn geben. Aber meine Mutter, die aus einer vornehmen persischen Familie stammte, wollte mich unbedingt gut verheiraten.

Meine drei Schwestern und ich hockten oft in einem unserer Zimmer zusammen, im Haus meiner Mutter bei Genf, hörten Beatles-Platten und redeten über unsere Zukunft. Ich war die Älteste, ich redete wohl auch am meisten. Damals beteuerte ich unablässig, dass ich entgegen den Wünschen unserer Mutter niemals einen Mann aus dem Nahen Osten heiraten würde. Ich war fasziniert vom freizügigeren Leben der Amerikaner, die ich als kleines Mädchen im American Club nicht weit vom Haus meiner Großtante im Iran gesehen hatte. Ihr Leben kam mir spannend vor, modern – frei. Sie fuhren Jeeps, trugen Jeans, aßen Hamburger, wohingegen die Menschen im Nahen

Osten irgendwie abgeschottet lebten, gehemmt durch Schichten aus Tradition und Verschwiegenheit, die das Äußere wichtiger werden ließen als die eigenen Wünsche.

Ich war Schweizerin – geboren in Lausanne, Tochter eines Schweizers und einer Perserin. Die Familie meiner Mutter, die Scheibanis, war kultiviert und vornehm. Als ich klein war, nahm meine Mutter uns fast jedes Jahr mit in den Iran, wo wir lange Ferien machten. Ich liebte den Iran – das würzige Essen, so fein und aromatisch; das Meer von Rosen, die unsichtbare Gärtner im von hohen Mauern umgebenen Garten meiner Großmutter hegten und pflegten; und das prächtige alte Haus, in dem meine Mutter aufgewachsen war, mit dem blau gefliesten Dampfbad, trüb vom Dunst, die große Bibliothek mit alten Büchern, die Gitterwerkfensterläden, die farbenfrohen Teppiche und kostbaren Antiquitäten.

Als Kind hielt ich den Iran für ein besonderes Land – voller Farben und Dramatik. Ich genoss die Monate, die wir dort verbrachten. Meine Großmutter verwöhnte mich wie eine kleine Prinzessin. Ich liebte sie über alles, und ich wusste, dass sie auch mich über alles liebte.

Einmal, als ich sieben oder acht Jahre alt war, gab meine Mutter im Haus meiner Großmutter im Iran eine Party. Die Zimmer waren voller Freunde, mit denen sie groß geworden war: Schriftsteller und Intellektuelle aus alteingesessenen Familien, die wie meine Großmutter nur Verachtung für den Schah empfanden, der in ihren Augen ein Emporkömmling war. Ihre

Gespräche waren zwar noch viel zu hoch für mich, aber die Atmosphäre war aufregend. Als ich schließlich ins Bett sollte, weigerte ich mich strikt.

»Papa kommt noch«, behauptete ich hartnäckig, obwohl meine Mutter mir immer wieder sagte, dass er in der Schweiz sei und arbeiten müsse. An dem Abend stellte ich die Geduld meiner Mutter auf eine Zerreißprobe. Auf einmal, als ich schon klein beigeben und ins Bett gehen wollte, kam mein geliebter Vater zur Tür hereinspaziert. Er hatte sich spontan ins Flugzeug gesetzt, ohne vorher anzurufen. Ich war überglücklich und genoss meinen Sieg.

Als meine Großmutter sich vergewissert hatte, dass ich wirklich unmöglich von der Ankunft meines Vaters hatte wissen können, beugte sie sich zu mir herab, hielt mich auf Armeslänge von sich weg und blickte mir in die Augen. »Carmen«, sagte sie, »du bist was ganz Besonderes. Vergiss das nie.«

Jedes Kind sollte sich so fühlen, wie ich mich in diesem Augenblick fühlte.

Meine Großmutter hatte einen Swimmingpool, und mein gut aussehender, charmanter Schweizer Vater sprang immer vom ersten Stock des Hauses direkt hinein, was wir mit entsetztem und fröhlichem Gekreische quittierten. Einmal fiel meine kleine Schwester Béatrice, die gerade erst laufen gelernt hatte, in den Pool, und meine Mutter, die ein schickes, rosa Seidenkleid mit enger Taille und weitem Rock trug, sprang hinterher, um sie zu retten. Ihr Rock blähte sich auf wie ein Fallschirm. Bis heute habe ich vor Augen, wie meine Mutter mit meiner kleinen Schwester im Arm klatschnass, aber noch immer wie aus dem Ei gepellt aus dem Wasser steigt.

Ich war ein neugieriges Kind, und wie viele Kinder spürte ich, dass Gespräche unter Erwachsenen wichtig waren, auch wenn die Einzelheiten natürlich noch weit über meinen Horizont gingen. Ich hörte unheimlich gern zu, wenn es um Politik ging. Soweit ich mich zurückerinnern kann, habe ich mich schon immer bemüht, die Dinge um mich herum zu verstehen, auch wenn sie mir manchmal viel zu hoch erschienen.

Als ich etwa sieben war, geriet das Haus meiner Großmutter in helle Aufregung, als Abbas, ein Vetter meiner Mutter, von der SAVAK, der gefürchteten Geheimpolizei des Schahs, verhaftet und gefoltert wurde. Man warf ihm vor, Mitglied der kommunistischen Tudeh-Partei zu sein.

In jenem Sommer hieß der große Hit im Radio »Marabebus« – ein Song über einen Mann, der zum Tode verurteilt ist und seine Tochter bittet, ihm einen Abschiedskuss zu geben. Ich spielte den Song immer und immer wieder, tieftraurig. Ich wollte wissen, warum der Mann sterben musste. Ich fragte mich, ob der Vetter meiner Mutter nun auch sterben müsste. Was hatte er getan? Wahrscheinlich wurde mir da zum ersten Mal klar, dass Menschen wegen ihrer Überzeugungen getötet werden konnten.

Der Iran war mein geheimer Garten, etwas, was mich von den anderen kleinen Schweizer Mädchen in unserer Schule außerhalb von Lausanne unterschied. Doch als ich neun war, brach meine Mutter aus heiterem Himmel jede Verbindung mit dem Iran ab. Mein Vater hatte sie verlassen, und sie wollte nicht, dass es jemand zu Hause im Iran erfuhr. Wenn sie zugegeben hätte, dass ihre Ehe gescheitert war, hätte sie bei ihren Angehörigen ihr Gesicht verloren. Deshalb mied sie fortan lieber jeden engen Kontakt zu ihrer Familie, anstatt ihr reinen Wein einzuschenken.

Lange Zeit erzählte meine Mutter nicht einmal uns, ihren vier Töchtern, dass sie und mein Vater sich getrennt hatten. Es hieß immer nur, er sei auf Geschäftsreise. Mein Instinkt sagte mir etwas anderes, aber ich wusste, so war meine Mutter nun einmal: Wenn ihr etwas unangenehm war, ignorierte, leugnete, verschwieg sie es. Wenn sie nicht darüber sprach, existierte es nicht. Es kam allein darauf an, das Gesicht zu wahren.

Nachdem mein Vater uns verlassen hatte, zog meine Mutter uns allein groß, mit Hilfe eines Kindermädchens. Jahrelang hatte ich keinen Kontakt zu meinem Vater, ohne dass mir jemand erklärte, warum. Ich lernte, keine Fragen zu stellen. Ich erkannte schon früh, dass ich zwischen zwei Kulturen gefangen war, zwischen dem Iran, der den strengen Verhaltenskodex meiner Mutter geformt hatte, und der Schweiz, wo ich zur Schule ging. Mein Elternhaus war ein seltsamer, stiller Ort, wo wichtige Dinge nicht ausgesprochen wurden.

Ich wusste, dass meine Mutter als Muslimin zur Welt gekommen war, weil ihr Vater Muslim gewesen war – im Islam nimmt man den Glauben des Vaters an. Doch meine Mutter hatte ein ungezwungenes Verhältnis zum Islam. Sie praktizierte ihn nicht im strengen Sinne. Ich sah sie ab und zu beten, aber ohne Verbeugung und Kniefall Richtung Mekka. Wenn sie beten wollte, ging sie mitunter einfach in eine Kirche oder in eine Moschee. Sie fastete nicht, wenn Ramadan war, und trug auch kein Kopftuch. Meine Großmutter sah ich gelegentlich verschleiert, wenn sie Schafe schlachten und das Fleisch an die Armen verteilen ließ. Für jemanden aus dem Nahen Osten war es normal, Muslim zu sein, doch weder für meine Mutter noch für uns Kinder waren damit irgendwelche Zwänge verbunden.

Allein was meine Mutter für schicklich hielt, verhinderte, dass wir wie normale Schweizer Mädchen aufwachsen konnten. Ausgelassene Spiele oder unordentliche Kleidung waren undenkbar, Partys bis spät in die Nacht oder Verabredungen mit Jungen ausgeschlossen. (Wie alle Teenager fanden wir Mittel, diese gestrengen Regeln zu umgehen: Wir waren keine Engel, und sie sperrte uns nie ein.) Es war ihr zwar wichtig, dass wir studierten, aber noch wichtiger, dass wir irgendwann heirateten.

Meine Mutter wollte unser Leben haarklein bestimmen. Bis ich älter war und mich offen auflehnte, wurden wir vier Mädchen genau gleich angezogen, einschließlich der Gummibänder für unsere Zöpfe. »Ihr könnt noch so elegant sein, schon ein einziger Fleck macht alles zunichte«, sagte sie gern. Für sie waren Anstand und Schicklichkeit entscheidend.

Erst im Erwachsenenalter erfuhr ich von einer Cousine meiner Mutter, wie meine Eltern sich gefunden hatten. Mutter war zum Studium nach Lausanne gekommen, wo sie meinen Schweizer Vater kennen lernte. Sie brannten nach Paris durch, und als sie zurückkamen, waren sie verheiratet. Die Familie meiner Mutter wurde also vor vollendete Tatsachen gestellt. So war meine Mutter nämlich im Grunde: impulsiv und rebellisch, eine Frau, die ihre Töchter Carmen, Salomé, Béatrice und Magnolia nannte. Meine Mutter verließ ihre Heimat, suchte sich selbst einen Mann aus, den sie heimlich heiratete, fuhr Auto. In gewisser Weise war sie tatsächlich eine Pionierin.

Später jedoch unterdrückte sie diesen Teil ihrer Persönlichkeit – vielleicht weil ihre Ehe gescheitert war. Während wir heranwuchsen, schien sie sich nur danach zu richten, was andere Leute denken könnten. Sie erzog uns in etwa nach den gleichen Konventionen, denen sie entflohen war. Sie konnte nicht eingestehen, dass ihr Mann sie wegen einer anderen Frau verlassen hatte, denn wenn ihre Ehe gescheitert war, wäre das für ihre Mutter der Beweis gewesen, dass sie sich den Falschen ausgesucht hatte.

Aus dem Iran zu kommen bedeutete für mich daher, mit Geheimnissen zu leben. Unangenehme Dinge wurden totgeschwiegen. Man unterwarf sich gesellschaftlichen Konventionen. Unehrlichkeit war gerechtfertigt, wenn es galt, das Gesicht zu wahren. Nur der äußere Schein zählte.

Ich war anders geartet. Für mich war die Wahrheit wichtig. Und ich ordnete mich nicht gern unter. Anstatt mich den Regeln meiner Mutter zu beugen, suchte ich trotzig die Konfrontation mit ihr. Ich weiß noch, dass ich einmal zu ihr sagte, sie solle mich nicht dauernd in Situationen bringen, wo ich sie anlügen müsse.

Ich wollte sie zwingen, mich so zu akzeptieren, wie ich war.

Kurz vor dem Abitur fingen meine Schwester Salomé und ich mit dem Rauchen an. Meine Mutter machte uns ein Angebot: Wenn wir das Rauchen wieder aufhörten, dürften wir uns etwas wünschen. Salomé wollte ein Auto, also kaufte meine Mutter ihr einen Fiat. Doch Salomé rauchte weiter, heimlich.

Meine Mutter ging mit mir in ein Pelzgeschäft, und ich durfte einen Leopardenfellmantel anprobieren. Sie sagte: »Versprich mir, dass du nie wieder eine Zigarette anfasst, dann kaufe ich dir den Mantel, jetzt sofort.« Wie gern hätte ich den Mantel gehabt – aber ich wollte ihr nichts versprechen, was ich nicht halten konnte.

Als junge Erwachsene geriet ich daher in einen moralischen Konflikt, der durch den Widerspruch zwischen meiner Erziehung und meiner Persönlichkeit ausgelöst wurde. Ich lebte im Westen. Ich war spontan, impulsiv – ich sehnte mich nach Freiheit und Unabhängigkeit. Aber ich war auch zu einem großen Teil in den Konventionen der nahöstlichen Kultur verhaftet, wo Clan-Regeln wichtiger sind als die Persönlichkeit des Einzelnen. Im Nahen Osten entwickelt man keine Individualität. Manche mögen ihrer Herkunft vielleicht für kurze Zeit entrinnen, doch irgendwann holen diese Regeln sie wieder ein.

Ich wusste, dass ich selbst entscheiden sollte, welchen Lebensweg ich einschlug. Aber dazu war ich zu unerfahren und zu konfus. Ich wartete auf Hilfe – auf irgendein Zeichen.

3

Die grosse Liebe

Als ich Jeslam zum ersten Mal begegnete, hatte ich keine Ahnung, dass dieser Mann mein Leben für immer verändern würde. Es war Frühling, und in dem Jahr waren viele Saudi-Araber in Genf. Meine Schwestern und ich hatten vor, meine Großmutter im Iran zu besuchen, daher hatte meine Mutter entschieden, eine Etage unseres Hauses an eine saudische Familie zu vermieten, die den Sommer über in Europa Urlaub machen wollte. Kurz darauf kam ein schmächtiger Saudi, von Kopf bis Fuß in Schwarz gekleidet, zu uns, um den Vertrag zu unterschreiben. Ich warf ihm einen Blick zu; er lächelte höflich.

Dann zog sich meine Großmutter eine Beinverletzung zu, und unsere Reise in den Iran fiel ins Wasser. Es war zu spät, die Vermietung rückgängig zu machen. So kam es, dass meine Schwestern und ich zwischen einer Wohnung in Lausanne und unserem Elternhaus hin- und herpendelten, wo die saudischen Gäste meiner Mutter unsere Zimmer in Beschlag genommen hatten.

Jeslams Mutter war Iranerin wie meine Mutter: eine freundliche Frau mit einem lieben, runden Gesicht und dunkel gefärbten Haaren. Wir sprachen Persisch miteinander. Jeslams jüngere Brüder Ibrahim und Chalil hatten wilde Afrolocken und trugen Schuhe mit Plateausohlen. Fauzia, die jüngere Schwester, sah aus wie ein europäischer Teenager, mit engen T-Shirts, langem, welligem Haar und einer großen getönten Sonnenbrille. Und dann war da noch Jeslam.

Jeslam faszinierte mich. Er war ruhig, doch er hatte eine unwiderstehliche natürliche Autorität. Er war schlank, braun gebrannt, gut aussehend. Er sprach nicht viel, doch seine Augen waren wach und sanft. Und sie waren meistens auf mich gerichtet.

Allmählich begannen wir, miteinander zu plaudern, und daraus wurden oftmals lange Gespräche. Nach einiger Zeit wurde Jeslam mir gegenüber immer aufmerksamer. Er bat mich mitzukommen, wenn er und seine Familie in die Stadt fuhren. Jeslam war ganz vernarrt in seine beiden Dobermänner. Mit seinen vierundzwanzig Jahren war er etwas älter als ich und meine Freunde, und er war anders. Er kam mir vor wie ein richtiger Erwachsener. Er tat, was er wollte. Er war verantwortungsbewusst und schien von Natur aus eine Führungspersönlichkeit zu sein. Für alle – sogar für seine Mutter und seine Geschwister – war Jeslams Wort Gesetz. Sogar meine Mutter fing allmählich an, sich nach ihm zu richten.

Heute ist mir klar, dass Jeslams natürliche Autorität in der saudischen Kultur wurzelt, in der er aufgewachsen ist und in der der älteste Sohn der Familie das Sagen hat. Damals jedoch war er für mich vor allem ein Mann, der sich um mich bemühte, der exotisch war und gut aussah und mich irgendwie faszinierte.

Jeslam war ruhig und scharfsichtig. Er hatte einen wachen Verstand und einen starken Willen. Und er konnte sich an alles, was ich sagte, ganz genau erinnern. Er verstand mich. Er schien mich zu brauchen. Irgendwann hatte ich das Gefühl, dass ich der einzige Mensch war, dem er vertrauen konnte. Ich könnte nicht sagen, wann genau ich mich in ihn verliebt hatte. Aber verliebt hatte ich mich.

Der Sommer schritt voran, und Jeslam und ich wurden fast unzertrennlich. Wir verbrachten jede freie Minute miteinander. Kurz zuvor hatte ich die Scheidungspapiere meiner Eltern gefunden, und als ich die ganze Geschichte las, war ich am Boden zerstört. Ich sah meinen Vater mit ganz anderen Augen. Der attraktive, beeindruckende, liebevolle Vater, nach dem ich so große Sehnsucht gehabt hatte, war mit einem Mal klein, unbedeutend, gemein. Meine Mutter hatte ganz offensichtlich so vieles vor mir geheim gehalten – wichtige Dinge, von denen ich meinte, ich hätte ein Recht gehabt, sie zu erfahren.

Ich weinte mich an Jeslams Schulter aus und sagte ihm, dass ich niemals heiraten würde, weil ich nicht wollte, dass meine Kinder irgendwann genauso von ihrem Vater verlassen würden wie wir. Außerdem sollte kein Kind von mir irgendwann auch so eine schmerzliche Scheidung erleben wie die meiner Eltern. Jeslam tröstete mich. Ich fühlte mich von ihm verstanden. Bei ihm fühlte ich mich geborgen.

Jeslam hatte ein elegantes Auftreten. Eines Abends gab er mir in seinem Porsche Fahrunterricht, und ich setzte den Wagen gegen die Toreinfahrt zu unserem Haus. Ich rechnete mit einem Donnerwetter, doch er fand es gar nicht schlimm und lächelte. »Du fährst riskant«, sagte er nur. Jeslam liebte sein nagelneues Auto, aber an dem Abend erkannte ich, dass er mich noch mehr liebte.

Autofahren zählte zu Jeslams Leidenschaften. In Schweden hatte er Unterricht im Fahren von Rennwagen genommen. Ganze Nachmittage rasten wir zusammen durch die Schweizer Berge, eine Kassette mit Schubert-Musik auf volle Lautstärke gedreht.

Am Anfang unserer Beziehung sah ich Jeslam nur als Freund, nicht als potenziellen Ehemann. Was mich an ihm besonders faszinierte, war seine offensichtliche Unabhängigkeit – und ich wollte nichts lieber als unabhängig sein. Ich unterhielt mich gern mit ihm. Wenn er eingeschnappt war, machte mich das wahnsinnig. Er stritt nie mit mir, aber wenn ich zu viel mit meinen Freunden sprach, wurde er still, und ich hatte gleich ein schlechtes Gewissen. Er wollte meine uneingeschränkte Aufmerksamkeit, und zwar ständig. Außer bei mir war er sehr zurückhaltend. Meine extrovertierte Art gefiel ihm, aber ich wollte nicht, dass er sich unwohl fühlte – ich spürte, dass es Grenzen gab. Seltsamerweise fand ich seine besitzergreifende Art schmeichelhaft. Sie gab mir ein Gefühl von Sicherheit.

Aus unserer sommerlichen Romanze wurde mehr. Jeslam band mich in sein persönliches Leben ein, erzählte mir von seiner großen Familie. Er hatte vierundzwanzig Brüder und neunundzwanzig Schwestern. Ich konnte mir nicht mal annähernd vorstellen, wie sich so ein Familienleben in der Praxis gestaltete, und der Schock muss mir wohl im Gesicht gestanden haben, denn Jeslam versicherte mir, dass seine Familie selbst für saudi-arabische Verhältnisse ungewöhnlich groß war.

Ich lernte Jeslams ältesten Bruder Salem kennen, der auf der Durchreise war und in der Schweiz Station machte. Zu meinem Erstaunen war er ganz anders als Jeslam, offen und kontaktfreudig. Salem war ein lustiger Bursche – er lachte viel und konnte »Oh Susanna« auf der Mundharmonika spielen. Im Vergleich zu dem so unaufdringlichen Jeslam wirkte er sehr verwestlicht. Doch ich merkte auch, dass die Beziehung der beiden von einem komplizierten Machtkampf geprägt war.

Salem war zwar damals gerade erst dreißig Jahre alt, doch er behandelte Jeslam fast väterlich herablassend, was Jeslam ungemein ärgerte. »Salem meint, nur weil er das Familienoberhaupt ist, kann er über mich bestimmen«, sagte Jeslam mit unverhohlenem Missmut zu mir. »Aber ich lasse mir nichts von ihm sagen.« Wir hatten also beide einen Kampf auszufechten – ich mit meiner Mutter, Jeslam mit seinem Bruder.

Eines Nachmittags, als der Sommer zu Ende ging und Jeslam und ich wie so oft mit seinen Hunden im Garten meiner Mutter spazieren gingen, unterhielten wir uns über die Zukunft. Jeslam sagte, er wolle in Saudi-Arabien Dobermänner züchten. Ich fand die Idee absurd, weil ich Jeslam für ungewöhnlich begabt hielt. Ich sagte, er sei viel zu intelligent, um sich damit zu begnügen – er sei es sich selbst schuldig, mehr Ehrgeiz an den Tag zu legen. Er müsse weiterstudieren und etwas aus seinem Leben machen. Jeslam erwiderte: »Einverstanden, aber nur wenn du mich heiratest.« Er wollte mich provozieren, sehen, wie ich reagieren würde. Doch in gewisser Weise verstand ich es als eine Bitte. Auch Jeslam wartete auf jemanden, der ihm den

Weg wies. Daher wusste ich, dass es kein Scherz war, er meinte es ernst.

Ich lachte und sagte, ich würde es mir überlegen.

Aber wir wussten beide, dass ich Ja meinte.

Jeslam blieb auch nach dem Sommer noch im Haus meiner Mutter. Er war jetzt mein Verlobter, was bedeutete, dass ich erwachsen war, was bedeutete, dass ich frei war. Seit vielen Jahren war erstmals wieder ein Mann in der Familie, und meine Mutter war sehr glücklich darüber. Ich denke, irgendwie hatte sie das Gefühl, dass fortan jemand anders die Verantwortung für ihre rebellische Tochter hatte. Wenn ich ausging, fragte sie mich nicht mehr, wohin ich wollte, und sie verlangte auch nicht mehr, dass ich zu einer bestimmten Uhrzeit zu Hause war.

Wir besuchten Diskos wie jedes junge Paar in der Schweiz. Jeslam war ein guter Tänzer, aber nicht so ausgelassen wie Salem. Jeslam machte mir unmissverständlich klar, dass ich nicht mit Salem tanzen solle, wenn der mich aufforderte. Tat ich es doch, so könnte Salem einen falschen Eindruck von mir bekommen. Das war ein erster Vorgeschmack auf die vielen eigenartigen Regeln Saudi-Arabiens. Wenn du mit einem anderen Mann tanzt – selbst wenn es der Bruder deines Freundes ist –, verliert er den Respekt vor dir.

Unsere erste Auseinandersetzung hatten Jeslam und ich im Bahnhof von Lausanne. Ich hatte Hunger und wollte etwas essen, doch am Sandwichstand hatte sich eine lange Schlange gebildet. Jeslam ging schnurstracks nach vorn zu dem Verkäufer, der ihn prompt in barschem Ton aufforderte, sich gefälligst hinten anzustellen. Da tat Jeslam etwas Unerwartetes: Er warf einen Hundert-Franken-Schein auf die Theke und ging. Es war schon unglaublich, dass Jeslam einfach an der Schlange vorbei ganz nach vorn marschiert war – vielleicht hatte er nicht gewusst, dass die anderen Leute darauf warteten, an die Reihe zu kommen. Aber einfach so viel Geld hinzuwerfen und zu gehen? Ich war perplex.

Ich sprach ihn darauf an und sagte, dass ich seine Reaktion nicht verstehen könne – dass es für mich so ausgesehen habe, als habe er den Mann für sein unhöfliches Verhalten auch noch belohnt. Aber Jeslam ließ sich von niemandem herumkommandieren, schon gar nicht von Fremden. Er ordnete sich nicht unter und stellte sich in keine Warteschlange, aber er hatte den Mann auch nicht angeschrien. Er hatte ihm einfach Geld hingeworfen, um seine Verachtung zu zeigen. Für Jeslam war das ganz logisch. Ich jedoch war zum ersten Mal durch sein Verhalten verwirrt.

Im November nahm Jeslam mich mit in den Libanon, der Heimat von Chalil Gibran, einem meiner Lieblingsphilosophen (sein Buch *Der Prophet* hatte ich als Teenager verschlungen). Es war wundervoll, wie im Märchen.

Ich war eine erwachsene Frau, die mit einem Mann, der sie liebte, auf Reisen war.

Für mich war der Libanon ein Teil der arabischen Welt, einer Kultur, aus der visionäre und kluge Menschen hervorgegangen waren, die die Geheimnisse der Sterne ebenso entdeckt hatten wie die Mathematik. Vor dem Bürgerkrieg war Beirut wie das Arabien in

Tausendundeiner Nacht: der Überfluß, die Farben, die Düfte und vor allem das orangegelbe Sonnenlicht des Mittelmeerraumes. Jeslam trug mich auf Händen. Wir blieben nächtelang auf und aßen, worauf wir Lust hatten, taten, was wir wollten. Es war wunderbar, verliebt zu sein. Es gab mir eine ganz neue Lebensperspektive.

Anscheinend trafen wir, wohin wir auch kamen, weitere Brüder von Jeslam. So begegneten wir im Libanon Ali und Tabet. Körperlich waren sie sehr unterschiedlich. Ali war groß, sah sehr nahöstlich aus, denn seine Mutter war Libanesin. Tabet hatte dagegen eine äthiopische Mutter und war schwarz. Erst da wurde mir klar, dass Jeslams Vater zweiundzwanzig Ehefrauen gehabt hatte! Anstatt genauer darüber nachzudenken, was das bedeutete, entschloss ich mich, das Ganze als exotische Kulisse zu betrachten. Ich war verliebt, und diese labyrinthischen Familienverhältnisse waren bloß ein nebensächlicher, verschwommener Teil meiner wunderschönen Romanze.

Wir reisten weiter in den Iran, wo wir drei Tage bei Verwandten meiner Mutter wohnten (aber nicht bei meiner Großmutter – sie wurde gerade in den USA behandelt). Dort fiel es mir wie Schuppen von den Augen. Als Kind hatte ich Bettler auf der Straße gesehen: Sie kamen häufig in das Viertel, wo meine Großmutter wohnte, und bettelten um milde Gaben wie Essen oder Kleidung. Einer meiner Onkel ging über unser Mitleid stets geringschätzig hinweg: »Ach, nun macht mal halblang – die haben doch Geld, die wollen bloß nicht arbeiten.«

Aber als Jeslam und ich über den Teppichbasar in

Teheran gingen, um einen persischen Teppich zu kaufen, sah ich entsetzliches Elend. Kleine Jungen und alte Männer krümmten sich unter der Last schwerer Teppichrollen. Die Kinder gehörten eigentlich in die Schule oder nach Hause – statt hier zu schuften wie Packesel. Was hatte ich für ein behütetes Leben geführt? Dergleichen hatte ich nie zuvor gesehen. Mir kamen die Tränen.

Jeslam brachte mich zurück zum Wagen. Unser Fahrer versuchte mich zu trösten. Er sagte: »Sie denken, die Leute sind arm? Nein, sie haben Glück – sie haben Arbeit. Ich kann Ihnen Familien zeigen, die in Löchern in der Erde wohnen.« Er machte alles nur noch schlimmer. Auch Jeslam konnte mich nicht beruhigen. Mir wurde klar, dass ich als Kind eine falsche Vorstellung vom Iran gehabt hatte, dass ich die harte Wirklichkeit dieses Landes nie gesehen hatte. Mein Leben schien auf Geheimnissen und Trugbildern aufgebaut.

Später dann, als ich mir vorstellte, dass Saudi-Arabien Ähnlichkeit mit dem Iran meiner Kindheit haben würde, machte ich mir erneut etwas vor.

Ich hatte noch immer Bedenken, Jeslam zu heiraten. Ich war jung und hatte das bittere Beispiel meiner Eltern noch lebhaft vor Augen. Aber im Grunde war der Zug bereits abgefahren, und ich saß drin.

Im Dezember 1973 flogen wir in die USA, um uns zum Studium einzuschreiben. Amerika war aufregend. Ein Kindheitstraum wurde wahr. Die Menschen dort waren tatsächlich locker und unbeschwert, wirkten weitaus weniger eingeengt durch Traditionen als die Leute, die ich kannte. Ich war begeistert von der Weite, der

Lebensart, der Freiheit – ich hatte das unglaubliche Gefühl, einen Schritt in die Zukunft zu tun.

Amerika kam uns wirklich wie das Land der unbegrenzten Möglichkeiten vor. Und nicht bloß was das Studium anbelangte, sondern Jeslam und mir war klar, dass dieses unglaublich offene Land uns auch berufliche Chancen eröffnete.

Gleich bei unserem ersten Besuch auf dem Campus der University of Southern California in Los Angeles lernten wir Jerry Vulk kennen, der sich um die ausländischen Studenten kümmerte. (Später erzählte er uns, er habe uns gleich als Ausländer erkannt. Mein Rock und meine hochhackigen Schuhe und Jeslams europäischer Anzug sprangen einfach ins Auge.) Jerry nahm uns unter seine Fittiche und führte uns herum. Unser erstes Semester begann im Januar. Jeslam würde Betriebswirtschaft studieren, ich musste erst einmal mein Englisch aufbessern.

Dann flogen wir zunächst zurück nach Genf, um zum ersten Mal gemeinsam Weihnachten zu feiern. Jeslam freute sich wie ein Kind. Er war nicht die Spur schockiert, dass wir zu Hause, obwohl meine Mutter Iranerin und Muslimin war, einen Weihnachtsbaum hatten und Bescherung machten – dass wir eben ein ganz christliches Weihnachtsfest feierten.

Wenige Wochen nach Beginn unseres Studiums lernten wir Jerrys Frau kennen, Mary Martha Berkley. Sie hatte an dem Tag Geburtstag – später nannte sie uns immer ihr Geburtstagsgeschenk. Manchmal macht man im Leben die Bekanntschaft eines Menschen, mit dem man gleich auf einer Wellenlänge liegt, und bei

Mary Martha und mir war das so. Sie war groß, mit dunklem Haar und blauen Augen – eine richtige Schönheit. Je öfter ich mich mit Mary Martha traf, desto sympathischer fand ich sie. Sie hatte Eleganz, Stil und war ungemein herzlich. Sie war einfach ein netter Mensch. Mary Martha half Jeslam und mir, ein Haus zu finden, das wir mieten konnten – eine von vielen, freundschaftlichen Gesten, die sie uns angedeihen ließ. Sie adoptierte uns regelrecht.

Mary Martha wurde meine Mentorin. Sie war meine Bilderbuchamerikanerin. Nach ihrem Vorbild konnte ich meine Persönlichkeit weiterentwickeln – der Mensch werden, der ich immer hatte sein wollen. Wenn ich Mary Martha erlebte, hatte ich das Gefühl, als würden die letzten kleinen Puzzleteilchen meiner Erziehung endlich ihren Platz finden. Mir gefiel ihre Art: unabhängig, aber sanftmütig, optimistisch und komisch, elegant, ohne ein Blatt vor den Mund zu nehmen. Mir gefiel, wie sie mit ihren pubertierenden Kindern umging und sie zu selbstbewussten, aufrechten Menschen erzog. Mary Martha war eine hingebungsvolle Mutter – sie stand jeden Morgen um vier Uhr auf, um ihren Sohn zum Schwimmtraining zu bringen –, und doch hatte man nie das Gefühl, dass sie ihre Kinder unter Druck setzte.

Genauso wollte ich später meine eigenen Kinder erziehen: Sie sollten einfach sie selbst sein. Mary Martha fällte nie ein Urteil über mich oder versuchte, mich in irgendeiner Weise zu beeinflussen, wie ich es von meiner Mutter gewohnt war. Wir beide wurden mehr als Freundinnen, und zwischen uns entstand eine tiefe und dauerhafte Bindung. Ich bewunderte sie mehr als sonst einen Menschen auf der Welt, und sie enttäuschte mich nie. Mit den Jahren wurde sie wie eine Mutter für mich – meine amerikanische Mom.

Einer meiner Englisch-Kommilitonen war ein Saudi namens Abdelatif. Es verschlug ihm die Sprache, als er hörte, dass ich mit Jeslam Bin Ladin verlobt war. Eines Tages trat er sehr förmlich auf mich zu und sagte, dass er Jeslams Vater gekannt habe, der 1967 gestorben war. Und hier, auf der anderen Seite der Erde, erfuhr ich durch Abdelatif zum ersten Mal von den zahlreichen saudischen Legenden, die sich um Mohammed Bin Ladin ranken. Abdelatifs Vater hatte in Dschidda für Scheich Mohammed gearbeitet, wie praktisch jeder in Dschidda, so erklärte Abdelatif. Scheich Mohammed habe für Könige und Prinzen die Paläste gebaut und die heiligsten Stätten des Islam restauriert. Er sei ein Gigant gewesen, ein Held, der härter gearbeitet habe als jeder andere. Er sei aufrichtig, fromm und bei allen beliebt gewesen. Und ich war mit seinem Sohn verlobt.

Wir luden Abdelatif zum Abendessen ein, zusammen mit seiner Frau, die mir später beibrachte, saudisch zu kochen. (Ich bereite die Gerichte noch heute gern zu – Sambusas, mit Hackfleisch gefüllte Teigtaschen, zählen noch immer zu den Leib- und Magenspeisen meiner Kinder.) Aber ich war keine besonders gute Köchin. Wir ernährten uns in dem Jahr auch viel von Fertiggerichten. Abdelatifs Frau war jung, aber sie kleidete sich unauffällig wie eine alte Dame. Meistens trug sie triste, lange Röcke, und ihr Gesicht war stets von einem straff gebundenen Kopftuch umrahmt. Sie war sehr zurückhaltend. Auch Abdelatif war im Umgang mit mir auffällig schüchtern, vor allem im Seminar, wenn Jeslam nicht dabei war. Er schaute mir nie in die Augen.

Ich dachte damals, der Grund sei meine Verbindung zu den Bin Ladins. Erst sehr viel später wurde mir klar, dass es ihm nicht erlaubt war, einer Frau, die einem anderen saudischen Mann gehörte, ins Gesicht zu blicken.

Aber in diesen unbeschwerten Tagen war Saudi-Arabien noch weit weg. Jeslam hatte seine Heimat bereits als Kind verlassen – er war erst sechs gewesen, als Scheich Mohammed ihn auf ein Internat im Libanon schickte und später nach England und Schweden, und er war seitdem nur in den Sommerferien zu Hause gewesen. Ich hatte nicht vor, im fernen Saudi-Arabien zu leben. Und wir waren so glücklich in Amerika. Ich hatte auch das Gefühl, dass Jeslam an unserer gemeinsamen Zukunft in diesem wunderbaren, freien neuen Land arbeitete, das wir nach und nach entdeckten. Amerika war jetzt unser Zuhause.

Und falls es Jeslam eines schönen Tages doch nach Saudi-Arabien verschlagen sollte, dann wäre das auch nicht weiter schlimm. Wir würden Pioniere sein. Endlich hatte ich ein Lebensziel gefunden. Scheich Mohammed, Jeslams Vater, hatte das Königreich Saudi-Arabien von sandigen Kamelpfaden zu Hochhäusern und Flughäfen geführt. Jeslam würde sein Heimatland mit meiner Hilfe noch weiter bringen, hin zu einer modernen Gesellschaft.

Damals kannte ich keine Angst und fürchtete keine Grenzen. Ich hatte den Partner fürs Leben gefunden, Jeslam, und ich hatte das Gefühl, es mit der ganzen Welt aufnehmen zu können. Meine Tollkühnheit war grenzenlos. Ebenso wie meine Ahnungslosigkeit.

4

Meine saudische Hochzeit

Ich hatte einen kleinen Stein vom Grab meiner Großtante im Iran. Er lag auf meiner Frisierkommode, eingefasst in etwas Silber an einer Kette. Eigentlich war er nur ein einfacher Kiesel, aber ich hütete ihn wie meinen Augapfel. An dem Tag, an dem ich ihn aufgehoben hatte, als ich mit Jeslam an dem Grab stand, brauchte ich einen Rat. Es war, als hätte ich meiner Großtante die Frage gestellt: Soll ich diesen Mann heiraten? Der Stein war für mich zu einer Art Symbol für meine Beziehung zu Jeslam geworden. Und dann, eines Morgens im April in unserem Haus in Los Angeles, konnte ich plötzlich meinen kleinen Stein nicht mehr finden.

»Das war's«, sagte ich zu Jeslam. »Das bedeutet, dass wir nicht heiraten können.«

Jeslam nahm die Sache ernst. Er konnte so entwaffnend sein. Er stellte das ganze Haus auf den Kopf – kippte sogar den Mülleimer aus – und schließlich fand er meinen kostbaren Stein hinter meiner Kommode. »Jetzt musst du mich heiraten«, jubelte er.

In diesem Augenblick wurde mir klar, wie viel ich Jeslam bedeutete. Es war wirklich sein sehnlichster Wunsch, dass ich seine Frau wurde.

Meine Mutter drängte uns unentwegt, einen Termin für die Hochzeit festzulegen. Sie mochte Jeslam. Ich glaube, sie hoffte insgeheim, dass er mein ungestümes Temperament zähmen könne. Und sie konnte es nicht erwarten, wieder einen Mann in der Familie zu haben. Also beschlossen Jeslam und ich, dass ich nach Semesterende nach Genf und er nach Saudi-Arabien fliegen würden, um alle Vorbereitungen zu treffen, damit die Hochzeit noch im Sommer stattfinden konnte. Saudis dürfen nur mit Genehmigung des Königs Ausländer heiraten, und schon allein um die Erlaubnis des Königs einzuholen, musste Jeslam in seine Heimat.

Ich wollte, dass wir in Genf heirateten, im Kreis meiner Familie und Freunde. Jeslams Familie sollte natürlich eingeladen werden. Doch als Jeslam mit der Erlaubnis des Königs im Gepäck zurückkam, sagte er, ihm wäre es lieber, wir würden in Dschidda heiraten, seiner Heimatstadt. Als Begründung führte er an, dass dann alle sehen könnten, dass der König die Heirat mit mir, einer Ausländerin, offiziell abgesegnet hatte. Wenn wir im Ausland heirateten, so Jeslam, würden mir die Leute vielleicht weniger Respekt entgegenbringen. Da war er wieder, dieser eigenartige Zwang, sich Respekt zu verschaffen, und die seltsamen, fast feudalherrschaftlichen Riten, mit denen man ihn sich verdienen musste. Es verwunderte mich, dass ich durch die offizielle Erlaubnis des Königs mehr Respekt ernten würde. Ich fand es komisch, aber nicht bedrohlich.

Zudem wurden bereits Vorbereitungen für die Hochzeit seiner Schwester Redschai getroffen. Es wäre praktisch ein Aufwasch, wenn wir am selben Tag heiraten würden – am 8. August 1974. Ich konnte mir nicht einmal annähernd vorstellen, wie eine saudische Hochzeit ablief. Schließlich war ich noch nie in dem Land gewesen. Ich fragte auch nicht. Ich war verliebt, meine Mutter war über meine Heirat entzückt. Und für mich wurde die Hochzeit ohnehin immer mehr zur reinen Formalität.

Ich lud keine Freunde ein. Die Visa für mich und meine Familie zu besorgen, war schon beschwerlich genug. Es würden nur meine Mutter, meine Schwestern und Mamal dabei sein, der Sohn meiner Großtante aus dem Iran.

Ich hielt es für besser, meinen Vater nicht einzuladen – nach all den Jahren wollte ich meiner Mutter die Begegnung mit ihm nicht zumuten. Ich hatte das Gefühl, dass sie ihn ihr ganzes Leben lang lieben würde, und es wäre bestimmt schmerzhaft für sie, ihn zu sehen. Damit war Mamal, der Cousin meiner Mutter, mein engster männlicher Verwandter, obwohl ich ihn nicht gut kannte, aber seine Anwesenheit bei der Hochzeit war fast genau so wichtig wie meine. Mamal würde nämlich bei der religiösen Zeremonie, bei der nur Männer zugelassen waren, die Rolle der Braut übernehmen und Jeslams Hand nehmen. Dank seiner Gegenwart würden Jeslam und ich heiraten können. Ohne Mamal, so sah es aus, könnte es keine Hochzeit geben.

Wir Geschwister fanden die Vorstellung urkomisch, und meine Schwester Magnolia witzelte jedes Mal, wenn sie Mamal sah: »Seht mal, da kommt die Braut!«

Meine Vorbereitungen verliefen hektisch. Als Erstes ging ich das Hochzeitskleid kaufen. Bei Chanel in Genf fand ich nichts, was mir gefiel – oder was nach meinen

Vorstellungen von Saudi-Arabien passend wäre, wobei ich mich natürlich auf meine Kindheitserinnerungen an den Iran stützte. Ich wollte einen hohen Kragen, bestickte Ärmel mit Aufschlag, etwas ganz Schlichtes und doch Elegantes. Am Ende entwarf ich das Kleid selbst und ließ es von einem Chanel-Schneider aus weißem Organza anfertigen. Ich hatte das Gefühl, dass es wirklich zu mir passte.

Dann kamen die Schleier. Ein langer Hochzeitsschleier aus weißem Organza und der schwarze Umhang, der mein Gesicht und meinen Körper in Jeslams Land vor der Welt um mich herum verhüllen sollte. Jeslam hatte mir erklärt, dass ich so einen Umhang unbedingt brauchte.

Ich kaufte einen dicken, schwarzen Baumwollstoff und ließ das Gewand anfertigen. Das Ergebnis erinnerte an den persischen Tschador, der um einiges schwerer ist als die saudische Abaja aus Seide. Ich wusste es nun mal nicht besser. Der Stoff war so dick, dass das Ding fast allein stehen konnte. Es wirkte irgendwie komisch antiquiert, als wollte ich auf einen Kostümball.

Als Letztes gingen meine Schwestern und ich shoppen, um die vielen langen Kleider zu kaufen, die wir, wie Jeslam gesagt hatte, brauchen würden. Doch in ganz Genf war einfach nicht das Richtige zu finden: elegante, aber schlichte Kleider für Dinners, einfachere Freizeitkleider, die nicht zu leger, aber lang waren. Letztlich mussten wir alles schneidern lassen, auch die lachsrosa Brautjungfernkleider für meine Schwestern. Wir kamen aus dem Anprobieren gar nicht mehr heraus.

Doch dann saßen Jeslam und ich zusammen mit meiner Schwester Salomé endlich im Flugzeug nach Dschidda. (Meine Mutter und meine beiden anderen Schwestern folgten uns zwei Tage später.) Jeslam trug das weiße saudische Baumwollgewand, das so genannte Thob. Es sieht richtig flott und elegant aus, wenn es gut ausgeführt ist: Jeslam kam mir in dieser exotischen Garderobe noch romantischer vor. Kurz vor der Landung legten meine Schwester und ich unser Gewand an. Wir waren komplett in dicken, schwarzen Stoff gehüllt – Hände, Kopf, Körper. Nur die Füße guckten hervor. Sogar unsere Augen waren hinter einem fast undurchsichtigen, schwarzen Gazeschleier versteckt. Ich blickte Salomé an. Es war ein Schock. Sie hatte kein Gesicht mehr.

Ich sah die Wüste näher kommen, als wir landeten. Das Licht, das durch die schwarze Gaze drang, war trüb, daher wusste ich nicht, ob dieses neue Land einfach das dunkelste, leerste Fleckchen Erde war, das ich je gesehen hatte, oder ob der Stoff vor meinen Augen an diesem Eindruck schuld war. Ich hatte jedenfalls ein seltsames, bedrücktes Gefühl. Es war jetzt ganz anders als bei der Anprobe des Gewandes beim Schneider in Genf. Ich war aufgeregt – ich würde heirate —, aber tief in mir spürte ich eine Melancholie, ein ungutes Gefühl, das zu der dunklen Welt da draußen passte.

Es war stickig und heiß unter den schwarzen Falten meiner Abaja, und ich kriegte kaum Luft. Jede Bewegung war langsam und unbeholfen. Als wir die Gangway hinabstiegen, stolperte meine Schwester. Ihr Beautycase ging auf, und alles fiel heraus, aber niemand half ihr beim Aufheben. Sie wandte sich mir zu, ein völlig schwarzes sprechendes Dreieck, und sagte: »Wo sind wir denn *hier* gelandet?« In Saudi-Arabien durfte kein Mann ihr zu nahe kommen, geschweige denn sie berühren.

Ich nahm so gut wie nichts um mich herum wahr, da ich höllisch aufpassen musste, dass der Schleier nicht verrutschte. Irgendwann entdeckte ich Jeslams Bruder Ibrahim mit den fröhlichen Augen und dem freundlichen Gesicht. Erleichtert, endlich jemanden zu sehen, den ich kannte, rief ich: »Hallo, Ibrahim« – doch er reagierte gar nicht. Er machte fast den Eindruck, als wenn es ihm peinlich wäre. Dann sagte er ganz leise: »Hallo.« Ibrahim durfte in der Öffentlichkeit nicht mit mir sprechen.

Ich war gerade mal ein paar Minuten in Saudi-Arabien, und schon hatte ich meinen ersten Fauxpas begangen. Allmählich schwante mir, dass ich hier in Jeslams Heimat als Frau in der Öffentlichkeit den Mund halten musste.

Wir fuhren los, ohne auf unsere Koffer zu warten. Irgendein namenloser Untergebener würde sich darum kümmern. Ich blickte zum Autofenster hinaus und sah bloß trübes Licht durch meinen Schleier – keine Menschen, keine Häuser. Sogar die Straßenlaternen waren dunkel.

Viel gab es ohnehin nicht zu sehen. Dschidda war damals nur eine Kleinstadt, schäbig und alt, und die Gegend, wo sämtliche Bin Ladins wohnten, lag an der Straße nach Mekka, am Rande der Wüste.

Die Straße wurde holprig, dann wieder glatt, und

unversehens waren wir vor Jeslams Elternhaus angelangt – Kilometer sieben auf der Mekka-Straße. Das Tor war offen, und meine zukünftige Schwiegermutter stand in der Tür.

Wir nannten meine Schwiegermutter immer nur Om Jeslam. Natürlich hatte sie einen eigenen Namen, aber der wurde nie benutzt. Wie die meisten Frauen nahm sie den Namen ihres ältesten Sohnes an (eine saudische Frau, die ausschließlich Töchter hat, trägt den Namen ihrer ersten Tochter – bis ein Sohn kommt und sein Name den seiner ältesten Schwester ablöst).

Om Jeslam hieß mich freundlich willkommen. Es war eine Wohltat, die Abaja abnehmen zu können. Plötzlich erschien mir das Licht im Haus blendend grell. Es brannten so viele Kronleuchter, dass ich mir wie in einem Lampengeschäft vorkam. Wir setzten uns und plauderten ein bisschen. Nach der ersten Begrüßung nahm ich meine neue Umgebung immer stärker wahr. Alles im Haus war grün. Dunkelgrüner Teppichboden, grüne Tapeten, grün-goldene Samtsofas an den vier Wänden des Wohnzimmers. Es sah richtig merkwürdig aus. Und es gab Plastikblumen. Als ich auf mein Zimmer ging, um mich frisch zu machen, musste ich feststellen, dass mein Badezimmer aus dunkelbraunem Marmor bestand und kein Fenster hatte, wie ein Grab. Ich sah auch nirgendwo kostbare, alte Teppiche: Das Haus war neu und ungemütlich, wie ein geschmackloses Vorstadthaus.

Die Bediensteten brachten das Abendessen. Sie breiteten ein Tuch auf dem Fußboden aus, und dort aßen wir: *gebna* (Käse), Honig, Gurkensalat, Fladenbrot,

Joghurt, Bohnenpüree. Ich war verblüfft, wie einfach alles war. Ich hatte ein exotisches Anwesen erwartet, wie ich es aus Filmen kannte oder von meiner Großmutter im Iran. Schließlich war Jeslams Vater einer der reichsten Männer Saudi-Arabiens gewesen. Aber dieses Haus war spartanisch und geschmacklos eingerichtet, und die Menschen hier lebten sehr einfach. Das war nun wahrlich nicht das kultivierte und elegante Leben, das ich mir vorgestellt hatte.

Meine Schwiegermutter war eine freundliche und liebenswerte Frau – niemals barsch zu mir, obwohl sie sicher enttäuscht war, dass ihr Sohn keine einheimische Frau heiraten wollte. Wir plauderten, wenn auch etwas hölzern, auf Farsi und Englisch, und zwischendurch übersetzte Jeslam ins Arabische.

Am nächsten Tag setzte die Besucherflut ein. Da ich eine zukünftige Braut war, mussten die Verwandten kommen, um mir zu gratulieren und – was noch wichtiger war – mich in Augenschein zu nehmen. Ich begrüßte einen endlosen Strom von Frauen – nur Frauen –, alle in eleganten, langen Kleidern, alle mit Schmuck behangen. Es waren Dutzende, und ich konnte mir ihre fremdartigen Namen unmöglich alle merken. Es war ein einziges Wirrwarr.

Die meisten Besucher waren Angehörige von Jeslam. Die abstrakte Idee – zweiundzwanzig Frauen, fünfundzwanzig Söhne, neunundzwanzig Töchter – nahm vor meinen Augen allmählich Gestalt an. Es war überwältigend.

Salem, den ich ja schon aus Genf kannte, war damals um die dreißig. Er war der älteste Sohn. Jeslam war der zehnte Sohn. Niemand verriet mir die Geburtsfolge der Schwestern, die zur Tür hereinströmten. Das spielte offenbar keine Rolle, und auch ich kam nicht darauf zu fragen.

Natürlich war Scheich Mohammed nicht mit allen Frauen gleichzeitig verheiratet gewesen. Von den meisten hatte er sich wieder scheiden lassen und erneut geheiratet. Die meisten der Frauen, ob geschieden oder nicht, hatten mit ihren Kindern auf dem riesigen Anwesen von Scheich Mohammed gelebt, als Jeslam noch ein Kind war.

Noch kurz vor seinem Tod hatte der Scheich eine Reihe von neuen Häusern gebaut, bei Kilometer sieben an der Straße nach Mekka. Viele seiner Kinder zogen nach seinem Tod dorthin und nahmen ihre Mütter mit. Es war ein regelrechtes Bin-Ladin-Viertel aus frei stehenden Häusern, und es umfasste drei ganze Straßenzüge, die einsam am Rande der Wüste lagen.

Die ersten Tage in Kilometer sieben verbrachten wir in fast hypnotischer Untätigkeit. Wir taten nichts anderes, als den nicht abreißenden Strom von Besucherinnen in festlicher Kleidung zu begrüßen und aus winzig kleinen Tassen den mit Kardamom gewürzten arabischen Kaffee zu trinken. Anfangs wusste ich nicht, dass ich meine Tasse schütteln musste, wenn ich genug hatte und nicht mehr nachgeschenkt haben wollte. Nie in meinem Leben habe ich so viel Kaffee getrunken! Schließlich schilderte ich Om Jeslam das Problem, und sie erklärte mir freundlich, was ich tun musste.

Nur die Männer konnten kommen und gehen, wie es ihnen beliebte. Wir Frauen waren ans Haus gefesselt –

nicht nur wegen der brütenden Sommerhitze, sondern auch weil Frauen sich Männern außerhalb der Familie nicht unverschleiert zeigen durften.

Selbst wenn wir in den Garten wollten, mussten wir zuvor sämtliche männliche Hausangestellte von dort wegschicken lassen. War die Luft dann rein, gingen wir nach draußen, und obwohl es meist schon gegen Abend war, herrschte eine brütende Hitze. Der Wüstensand um uns herum blendete – wie Schnee in den Alpen, wenn man keine Sonnenbrille trägt. Mein freies und ungebundenes Universum war sichtlich zusammengeschrumpft: auf einen knapp sechstausend Quadratmeter großen, sengend heißen Garten, in dem ein paar spindeldürre Bäume standen.

Wir bewegten uns praktisch nicht von der Stelle. Irgendwohin zu Fuß zu gehen, war undenkbar. Es gab ohnehin nichts, wo wir hätten hingehen können. Keine Hotels, Sportplätze, Theater, Badeanstalten, Restaurants – und falls doch, dann nur für Männer. Keine Eisdielen, Parks oder Geschäfte: Eine Frau, die etwas auf sich hielt, durfte praktisch nirgendwo einkaufen. Kein Mann außer Jeslam durfte mein Gesicht sehen. Jeslam hatte mich zwar vorher über alles aufgeklärt, aber es zu erleben, war etwas ganz anderes. Es war irreal.

Om Jeslam lebte gänzlich abgeschottet von Männern, die nicht zur Verwandtschaft gehörten. Ihr äthiopischer Fahrer sah sie niemals unverschleiert. Ich weiß nicht einmal, ob er überhaupt je ihre Stimme hörte. Ihr Hausboy – der Junge war höchstens zwölf und kam ebenfalls aus Äthiopien – nahm ihre Anweisungen entgegen und sagte dem Fahrer, wann er den Wagen holen und wo er hinfahren sollte.

Ich weiß noch, was für einen erstaunten und entsetzten Blick meine Schwiegermutter und Jeslams Schwester Fauzia einander zuwarfen, als ich das erste Mal dem Hausmädchen dankte – für so etwas Banales wie eine Tasse Tee. Es war richtig erschreckend. Und ich erinnere mich auch noch an den überraschten und geradezu frohen Ausdruck im Gesicht der jungen Frau.

Die Familie meiner Mutter hatte im Iran natürlich auch Hausangestellte gehabt, und sogar in der Schweiz hatten wir ein Kindermädchen. Aber das hier war eine andere Welt, und sie gefiel mir nicht.

Später sollte ich noch viele Häuser besuchen und viele Frauen überraschen, indem ich mich bei ihren Bediensteten bedankte. Vielleicht waren einige von ihnen noch vor gar nicht so langer Zeit Sklaven gewesen. Falls ja, hätte mir das niemand verraten. Saudi-Arabien gehörte zu einem der letzten Länder der Welt, in denen die Sklaverei abgeschafft wurde. Bis 1962 war es ganz normal, dass angesehene Familien Sklaven besaßen. Die Regierung kaufte sie schließlich frei, und zwar für den dreifachen Preis, der damals für einen Menschen bezahlt wurde. Fünfzehn Jahre später, als ich nach Saudi-Arabien kam, betrachtete man Bedienstete meist noch immer nicht als autonome Menschen, die Dank verdient hatten.

Jede Geste in dieser seltsamen, neuen Welt kam mir fremd vor. Die Menschen in meiner Umgebung waren unergründlich. Männer durften mich nicht ansehen, selbst wenn ich den Schleier trug. Die Familienmitglieder waren freundlich, aber ihre Augen blieben für mich ausdruckslos. Sie kam mir fast unwirklich vor, diese einförmige Selbstverleugnung. Ich fühlte mich wie hypnotisiert. Saudi-Arabien war nicht mit dem Iran oder mit Beirut zu vergleichen – es war ein anderer Planet. Doch ich musste so vieles auf einmal verkraften, dass ich gar nicht mehr darüber nachdenken wollte.

Ich sah die Stadt Dschidda zum ersten Mal bei Tageslicht, als wir drei Tage nach meiner Ankunft zur Schweizer Botschaft fuhren, um unsere bevorstehende Heirat amtlich erfassen zu lassen. (Wenn ich vor der Heirat nicht offiziell erklärt hätte, dass ich meine Staatsbürgerschaft behalten wollte, hätte ich meinen Schweizer Pass verloren. Später sollte ich den Tag noch häufig preisen.) Es war das erste Mal, dass ich das Haus verließ. Die Luft war so heiß, dass ich unter meinem dichten Schleier kaum atmen konnte. Jeslam musste mich daran erinnern, dass ich, völlig verhüllt, hinten im Auto zu sitzen hatte, während er fuhr.

Auf der Fahrt durch Dschidda bot sich mir, die ich hinter den getönten Fenstern des Mercedes saß, eine Straßenszene wie aus einem anderen Jahrtausend. Saudi-Arabien befreite sich zu der Zeit erst ganz langsam aus der bitteren Armut seiner traditionellen Lebensverhältnisse. Die Menschen waren zwar seit der Entdeckung der Ölvorkommen in den 1930er Jahren nicht mehr ganz so arm, doch der gigantische Wirtschaftsaufschwung, den das Land nach dem Ölembargo von 1973 erlebte, befand sich noch in den Anfängen. Der »Eselsplatz« war ein Gewirr staubiger Sandwege, wo die Leute bei Männern mit Eseln, auf deren Rücken Fässer geschnallt waren, Wasser kauften. Flimmernde Hitzewellen stiegen von den wenigen Teerstraßen der Stadt auf. Ab und zu sah ich einen kleinen, ärmlichen Laden. Die Häuser waren über die endlosen Sanddünen verteilt, unsichtbar hinter hohen Betonmauern, die die Bewohnerinnen vor Blicken schützten.

Zuerst wusste ich nicht recht, was mir an diesem Land so eigenartig vorkam, doch dann wurde es mir schlagartig klar: Die Hälfte der Bevölkerung Saudi-Arabiens lebt ständig hinter Mauern. Man stelle sich eine Stadt vor, in der so gut wie keine Frauen zu sehen sind! Ich kam mir vor wie ein Geist: Frauen existierten in dieser Männerwelt nicht. Es gab auch keine Parks, keine Blumen, nicht einmal Bäume. Und keine Farben. Außer dem Sand, der die Straßen wie ein weicher, staubiger Teppich bedeckt, waren Schwarz und Weiß die einzigen auffälligen Farben. Die weißen Thobs und nur ganz wenige völlig schwarze Stoffdreiecke: die verhüllten Frauen. Genf war tausend Jahre weit weg.

Ein paar Tage später schlug Jeslam vor, mit uns ans Rote Meer zu fahren, damit wir uns nicht ganz so eingeschlossen fühlten. Doch das ganze Unternehmen war im Grunde ein Fehlschlag, denn es machte uns nur noch deutlicher, wie fremdartig Saudi-Arabien doch war. Meine Schwestern und ich hatten nicht daran gedacht, unsere Badeanzüge einzupacken, und während wir noch darüber debattierten, wie und wann wir welche einkaufen würden, wurde der Fahrer gerufen.

Eine Bin-Ladin-Frau durfte nicht einkaufen gehen – es könnte ja sein, dass sie von Männern gesehen würde. Also erhielt der Fahrer vom Hausboy die Anweisung,

Badeanzüge zu kaufen. Der Fahrer kam zurück; der Hausboy brachte uns zwei Koffer voller Badeanzüge. Viele saudische Frauen konnten ihre Einkäufe immer nur so tätigen. Völlig verblüfft ob der seltsamen Gepflogenheiten suchten wir uns jede einen aus.

Wir waren für den Strandausflug bereit. Bei dieser Gelegenheit sollte ich auch einige von Jeslams älteren Brüdern kennen lernen: Omar, ein strenggläubiger, konservativer Mann, Bakr, ernst und mürrisch, und Mahrus, der immer religiöser wurde, obwohl er früher sehr westlich orientiert, fast schon ein Playboy gewesen war.

Die Bin Ladins besaßen sechs oder sieben Bungalows am Meer. Es waren eigentlich nur wackelige kleine Hütten, mit Küchenecke und gemeinsamem Generator. Ernst zogen sich die Männer in eine Hütte zurück, während meine Schwestern und ich uns die Schwimmsachen anzogen. Über eine rostige Leiter stiegen wir vom Holzsteg hinunter ins Wasser und schwammen. Ich hatte gehört, dass das Rote Meer ein Taucherparadies sei; die Gegend war wirklich schön, und es war tatsächlich das blauste Meerblau, das ich je gesehen hatte. Anschließend zogen wir uns wieder an und tranken Tee und warme Cola. Es wimmelte nur so von Fliegen. Da der Ausflug zu unserem Vergnügen gedacht gewesen war, taten wir entsprechend vergnügt.

Doch dann bat Jeslam mich, im Beisein seiner Brüder nicht zu rauchen. Es war eine Bagatelle, aber nach der Anspannung in den ersten Tagen in Dschidda platzte mir plötzlich der Kragen. Ich hatte das Gefühl, dass ich nicht einmal über die banalsten Dinge meines all-

Carmen als Sechsjährige in Persien: »Ich bin in der Schweiz aufgewachsen, aber die Ferien habe ich bei der Familie meiner Mutter in Persien verbracht.«

Carmen im Alter von 14 Jahren: »Meine Mutter war peinlich genau auf unser Äußeres bedacht, und wir vier trugen alle das Gleiche, bis wir uns dagegen wehrten.«

Im Garten meiner Mutter in Genf: »In jenem Sommer regierte die Jugend. Ich blickte aufgeregt in die Zukunft und war sehr verliebt.«

Meine Schwestern Magnolia, Salomé und Béatrice mit unserer Tante mütterlicherseits und deren Kindern.

Jeslams Bruder Ibrahim mit dem Vater Scheich Mohammed in Dschidda: »Scheich Mohammed hatte 53 Kinder. Er war ein imposanter Mann, und in meiner Wohnung steht immer noch ein Foto von ihm.«

Achmed, Schafik, Redschai, Jahia, Jeslam, Ibrahim in Pacific Palisades: »In Jeans und Afro-Look sahen sie wie Amerikaner aus – äußerlich.«

Mit Jeslam, Om Jeslam, Fauzia beim Tee in Interlaken: »Mehr und mehr bezog mich Jeslam in seine Familienaktivitäten ein.«

Carmens Passfoto: »Saudi-arabische Frauen hatten kein Foto in ihren Pässen, aber ich als Ausländerin brauchte eins für mein Visum. Mein Gesicht mußte man erkennen können, aber natürlich trug ich ein Kopftuch.«

Ibrahim und Jeslam einen Tag nach der Hochzeit: »Es war damals ungewöhnlich, so viele Blumen in Dschidda zu sehen.«

Hochzeitfoto in Dschidda: »Die Fotos, die während der offiziellen Feier gemacht worden waren, waren alle schlecht. Also schossen wir am darauf folgenden Tag für meine Mutter neue Fotos. Jeslam trägt, anders wie während der Feier, einen westlichen Anzug.«

Mit Jeslam in Kalifornien: »Bei unserer ersten Reise nach Amerika kam mir das Land wie ein Wirklichkeit gewordener Traum vor. Es ist tatsächlich das Land der unbegrenzten Möglichkeiten.«

Mit Jeslam, Fauzia, Om Jeslam, Mary Martha und Waffa in Santa Monica: »Jeslam kaufte ein einmotoriges Flugzeug, und ich nahm Flugunterricht.«

Mit der 3 Monate alten Waffa: »Die Geburt meiner kleinen Tochter war der wichtigste Moment in meinem Leben und hat mich völlig verändert.«

Waffa mit Mary Martha an ihrem 1. Geburtstag: »Mary Martha war meine engste Freundin, Mentorin und eine Quelle der Inspiration und des Trostes. Ich nannte sie meine amerikanische Mom.«

Mit Jeslam und Waffa in Santa Monica: »Ich war glücklich mit meinem süßen Kind und meinem klugen und attraktiven Mann. Das Leben schien reich an Möglichkeiten.«

Carmen und Jeslam anläßlich Jeslams Universitätsabschluss: »Ich hatte Jeslam dazu ermuntert zu studieren, und auch wenn ich mein Studium aufgeben musste, war ich stolz, als er seinen Abschluss machte.«

täglichen Lebens entscheiden konnte. Würde ich jeden noch so kleinen Aspekt meiner Persönlichkeit aufgeben müssen, um mich diesem fremdartigen, einengenden Land anzupassen? Ich zischte ihn an: »Gut, ich rauche nicht, aber ich werde dich auch nicht heiraten.« Ich meinte es ernst – es war aus.

Getreu seiner saudischen Erziehung mied Jeslam einen Streit mit mir. Aber als wir später zusammen Tee tranken, bot er mir in Gegenwart seiner Familie wie selbstverständlich eine Zigarette an. Diese überraschende Geste der Unterstützung gab mir Hoffnung und zerstreute zumindest teilweise mein ungutes Gefühl, was die Zukunft betraf. Es war ein kleines Zugeständnis, doch für mich war es ein Symbol. Mit Jeslams Hilfe und Verständnis würde ich es schaffen, in dieser verwirrenden Gesellschaft ich selbst zu bleiben.

Wir machten einen weiteren Ausflug. Es war bereits das dritte Mal in zehn Tagen, dass ich aus dem Haus kam. Om Jeslam und Jeslams Schwester Fauzia fuhren mit uns zum Gold-Souk. Ich hatte den Eindruck, dass dies einer der wenigen öffentlichen Plätze war, den eine Bin-Ladin-Frau überhaupt aufsuchen durfte. Es war eine ganz schöne Strapaze, in einem Gewimmel gesichtsloser, schwarz verhüllter Frauen umherzugehen. Als ich mich nach den anderen umblickte, merkte ich, dass ich sie zwischen den anderen schwarzen Gestalten gar nicht erkennen konnte – nicht mal meine eigenen Schwestern. Wenn ich länger an irgendwelchen Auslagen stehen blieb und die anderen aus den Augen verlor, musste ich Fauzia rufen, damit sie mich holen kam.

Dass überall auf dem Souk Gold funkelte, war selbst durch das düstere schwarze Gesichtstuch zu sehen. In dem kleinen Laden, den wir betraten, hingen von der Decke bis zum Fußboden goldene Armbänder, Kettchen und dicke Ringe. Der Preis richtete sich nicht nach der Qualität der Arbeit, sondern nach dem Gewicht – der Schmuck wurde auf eine Waage geworfen und der Preis mit einem Abakus errechnet. Während wir uns umschauten, erscholl plötzlich draußen der Ruf zum Gebet, und die Verkäufer ließen uns einfach allein im Laden stehen.

Wir durften nicht in der Öffentlichkeit beten – wir waren Frauen. In Saudi-Arabien ist es Frauen untersagt, eine Moschee auch nur zu betreten oder an einem öffentlichen Ort zu beten – mit Ausnahme des rituellen Gebets, das in den heiligen Städten Mekka und Medina verlangt wird. Aber die Verkäufer mussten gemeinsam beten, als der Muezzin rief. Also ließen sie uns einfach allein in dem Laden, der voller Gold war. Nicht einmal die Tür wurde abgeschlossen.

Diebstahl gibt es in Saudi-Arabien so gut wie gar nicht. Die drakonische Bestrafung ist Abschreckung genug: Dieben wird die Hand abgehackt.

Der Tag meiner Hochzeit war wohl der bizarrste in jenen ersten, seltsamen Wochen. Jeslam und Ibrahim fuhren mit mir zum Standesamt, um unsere Heirat eintragen zu lassen. Ich wartete in meiner Abaja im Wagen, während die beiden hineingingen. Jeslam und Ibrahim kamen mit einem Buch wieder, in dem ich unterschreiben musste. Es war das Heiratsregister. Ich war richtig stolz, dass ich gelernt hatte, meinen

Namen in arabischen Buchstaben zu schreiben. Dann brachte jemand das Buch zurück, und wir waren verheiratet.

Ich hatte die traditionelle Verlobungsparty, die *melka,* verpasst, auf der Redschai einige Wochen zuvor ihre Heiratspapiere im Kreis vieler Frauen unterschrieben hatte. Also heiratete ich eben auf einem sandigen Parkplatz in meiner schwarzen Abaja. Von der Erlaubnis des Königs zu einem geparkten Wagen. Meine Hochzeit war so anders als das, was jede Braut sich erhofft, dass es schon beinahe grotesk war. Ich hatte das Gefühl, einer anderen beim Heiraten zuzuschauen. Aber ich versuchte mir einzureden, dass das eigentlich doch egal war.

Zwei Tage später fand dann die Doppelhochzeitsfeier statt. Wir fuhren zu Salems Haus auf der anderen Straßenseite, um uns fein zu machen. (Viele Jahre später fing ich an, immer öfter zu Fuß über die Straße zu diesem Haus zu gehen – natürlich komplett verhüllt. Dieser kühne Schritt sorgte für so manchen schockierten Kommentar seitens meiner weiblichen Verwandten.) Das ganze Haus wimmelte von Frauen, um die sich eine regelrechte Armee von Friseurinnen kümmerte. Ich hatte so gut wie nicht geschlafen und schreckliche Kopfschmerzen. Eine meiner Schwestern erzählte mir, dass die Frauen in meiner Abwesenheit mein Kleid herumgereicht und empört mit der Zunge geschnalzt hatten, ehe sie es mir brachten. Ich vermute, es war ihnen zu schlicht. Ich fühlte mich verhöhnt und war wütend – es war einfach taktlos.

Ich zog mich an. Mein Haar wurde zu einem altmodischen Nackenknoten frisiert. Ich war ein Nervenbündel. Über mein weißes Organzakleid kam die vermaledeite, steife, schwarze Abaja. In der abendlichen Hitze gingen wir zum Auto und fuhren zum Candara Hotel. Ich glaube, damals war es das einzige Hotel in Dschidda. Dort hatte man im Hotelgarten, der in Ermangelung bunter Lichterketten mit nackten Glühbirnen geschmückt war, einen Bereich für die Frauen abgetrennt. Jutewände schützten uns vor den Blicken von Kellnern und männlichen Hotelgästen.

Ich sah ein Meer von Frauen. Nur Frauen, denn die Männer feierten woanders unter sich. An die sechshundert Frauen waren auf engstem Raum zusammengepfercht, alle mit Schmuck und Volants herausgeputzt wie zu einem großen Ball. Sie begrüßten uns mit lautstarkem Geheul und musterten mich skeptisch, als Jeslam und ich auf den Baldachin zuschritten.

Zusammen mit Redschai und ihrem Bräutigam mussten wir auf einem Podium Platz nehmen. Die weiblichen Gäste kamen nacheinander, um uns zu begrüßen. Am Büfett servierten nur Frauen. Ein reines Frauenorchester aus Kuwait fing mit dem monotonen Getrommel und der atonalen arabischen Musik an, an der ich erst im Laufe der Jahre Gefallen finden sollte. Die Frauen tanzten die alten Beduinentänze in ihren westlichen Abendkleidern. Die Bewegungen sind wie beim ägyptischen Bauchtanz, nur ruckartiger, weniger lasziv. Wir saßen auf unserem Thron unter dem Baldachin und schauten den Frauen zu. Sie rümpften die Nase über meine Schwestern in den identischen Kleidern: Erst da wurde mir klar, dass es auf saudischen Hochzeiten keine Brautjungfern gibt. Ich hatte hämmernde Kopfschmerzen.

Alle lächelten. In den Jahren, die ich in Saudi-Arabien lebte, bekam ich zu keinem Zeitpunkt direkte Feindseligkeit zu spüren. Ein gut erzogener Saudi benimmt sich niemals rüde – außer vielleicht dem Personal gegenüber. Dennoch wusste ich stets, dass ich skeptisch beäugt wurde. Ich und meine Lebensweise waren den Menschen dort genauso fremd wie sie mir. Ich war Ausländerin. Ich war im Westen groß geworden, mit unverhülltem Gesicht wie eine Hure. Sie waren in dem Land geboren, wo sich die heiligsten Stätten des Islam befinden – in der Heimat des Propheten Mohammed. Sie hielten sich für die auserwählten Hüter der heiligsten Orte der Welt. Sie waren das auserwählte Volk Gottes.

Ich betrachtete sie, und sie betrachteten mich, und die fremdartigen und manchmal unangenehmen Erfahrungen jener ersten Tage in Saudi-Arabien trafen mich plötzlich mit voller Wucht. Jetzt war ich verheiratet, mit einem Mann aus einem Land, das ganz anders war als meine Heimat. Vielleicht fragt sich ja jede Braut, ob sie die richtige Entscheidung getroffen hat. Ich überlegte, ob ich mir diese Frage nicht doch früher hätte stellen sollen. Während ich auf dem Podest saß, ausschließlich Frauen zu meinen Füßen, beschlich mich die Ahnung, dass die Kluft zwischen den beiden Kulturen unüberbrückbar sein könnte: die Welt, aus der ich kam, und die Welt, die ich nun betreten hatte. Das Einzige, das meine Sorge und das Gefühl, eingesperrt zu sein, erträglich machte, war der Gedanke, dass ich bald in die wunderbare Normalität Amerikas zurückkehren würde.

Am selben Abend, auf einem anderen Planeten, trat Präsident Nixon zurück.

5

Amerika

Dieser erste, surreale, dreiwöchige Besuch hätte mir eigentlich Warnung genug sein müssen, welche Schwierigkeiten mich in Arabien erwarteten. Er war ein Vorgeschmack auf die kommenden Jahrzehnte und sollte mein Leben für immer verändern. Aber ich war jung und unbedarft. Als wir einige Tage nach unserer Hochzeit wieder aus Saudi-Arabien abreisten, war mir, als wäre ich entkommen. Der dumpfe Nebel in meinem Gehirn löste sich rasch auf. Ich knüllte meine Abaja zusammen und warf sie irgendwohin, und es war so, als wäre gar nichts passiert. Wir tauchten erneut in unser unabhängiges Leben in Amerika ein.

Wir gingen zur Uni, machten Einkäufe für unser neues Haus, gingen essen und ins Kino. Wir besuchten Mary Martha und ihre Familie und trafen uns mit anderen amerikanischen Freunden, was Jeslams kleiner Firma zugute kam. Er hatte seinen Semesterplan so gestaltet, dass er nur noch zweimal die Woche zur Uni musste und sich an den übrigen Tagen fast ganz auf die Erkundung der faszinierenden neuen Welt der Computer konzentrieren konnte. Ich nutzte alles aus, was mir das Leben in Amerika zu bieten hatte. Ich war jetzt verheiratet und hatte mein Leben im Griff: Ich konnte tun und lassen, was ich wollte, dachte ich überglücklich.

Ich lernte in Jeslams weißem Sportwagen Autofahren, und er kaufte mir einen Pontiac Firebird. Wie meinem Mann machte auch mir Autofahren großen Spaß – wenn ich unruhig war, fuhr ich einfach ein bisschen durch die Gegend. Dann kaufte Jeslam sich eine kleine einmotorige Mooney und überredete mich, den Flugschein zu machen. Von da an flogen wir manchmal übers Wochenende mit unserer Maschine nach Santa Barbara und Las Vegas.

Einmal gewann Jeslam im Kasino eine richtig große Summe und kaufte mir eine weiße Nerzstola – er war zwar kein Spieler, aber manchmal schlug er einfach gern über die Stränge. Er kaufte mir auch Schmuck. Natürlich gefielen mir die Geschenke, aber ich fand es auch romantisch, mich so von ihm verwöhnen zu lassen.

Ich glaube, damals war Jeslam glücklich. Glücklicher jedenfalls, als er es in seiner einsamen Kindheit im Internat weit weg von daheim gewesen war, und vielleicht auch glücklicher als je wieder danach. Wir lasen zusammen Bücher und unterhielten uns oft bis spät in die Nacht über sein Studium, seine ersten Schritte ins Geschäftsleben oder wir hörten seine geliebte klassische Musik in voller Lautstärke. Jeslam hatte einen der ersten PCs gekauft. Er witterte auf dem Gebiet ein gewaltiges Potenzial für lukrative Geschäfte. Er hatte Kontakt zu einem Mann namens Steve Jobs, der zu Hause in seiner Garage irgendetwas aufregend Neues mit Computern machte. Es war alles furchtbar spannend. Wir genossen es, dieses ganz neue Amerika gemeinsam zu entdecken, und waren geradezu berauscht von unserem Freiheitsgefühl.

Ibrahim nahm sein Studium an der USC auf und wohnte bei uns, doch er war dermaßen lustlos, was das Lernen anging, dass ich nicht weiß, ob er überhaupt einen Abschluss gemacht hat. Dadurch wurde Jeslam, der so intelligent und gewissenhaft war, für mich noch attraktiver. Auch andere Brüder von Jeslam kamen uns besuchen, und wir nahmen sie mit auf Partys und zeigten ihnen Disneyland und Las Vegas. Ich trug Jeans und Turnschuhe, sie trugen enge Hosen und offene Hemden und Afrofrisuren. Sie sahen genauso aus wie Amerikaner – nach außen hin.

Ab und zu trat Saudi-Arabien wieder in den Mittelpunkt unserer Aufmerksamkeit. Mafuz, Jeslams Milchbruder, kam zu Besuch. Seine Mutter Aischa war Scheich Mohammeds ältestes Kind, und sie hatte Mafuz zur Welt gebracht, als Jeslams Mutter ihren ersten Sohn erwartete. Aischa und Om Jeslam stillten gegenseitig ihre Kinder – wie das in Saudi-Arabien üblich ist, niemals jedoch, wenn die Kinder ein Junge und ein Mädchen sind, weil das zur Folge hätte, dass sie niemals heiraten können. Ein Milchbruder zu sein, schafft eine besondere Bindung. Mafuz war ein sehr frommer Mensch. In Saudi-Arabien trug er sein Thob kurz, als Zeichen seiner Anspruchslosigkeit – und sein Besuch bei uns war seine erste Reise ins Ausland. Jeslam machte mit ihm und meiner Schwester Salomé eine Spritztour in seiner kleinen Propellermaschine. Den ganzen Flug über quetschte Mafuz sich in eine Ecke. Die Sitze waren dicht nebeneinander, und er war gehemmt und fühlte sich körperlich davon abgestoßen, neben einer Frau zu sitzen, die keine Blutsverwandte von ihm war.

Sein Kummer wurde noch größer, als Salomé erklärte, ihr sei nicht gut. Armer Mafuz.

Im November merkte ich auf ganz konventionelle Art, dass ich schwanger war: Ich schickte Jeslam eines Sonntagvormittags immer wieder los, Tacos zu holen, und aß so lange, bis mir schlecht wurde. (Ich habe danach nie wieder Tacos angerührt.) Eigentlich hatte ich mich noch nicht wirklich erwachsen genug gefühlt, um schon ein Kind zu kriegen, und mir war die ganze Zeit speiübel. Jeslam freute sich natürlich, und er lächelte, als ich es ihm sagte und ihn dabei an seinem Ziegenbärtchen zog. Aber ich hätte mir mehr Überschwang gewünscht. Er war nicht gerade außer sich vor Freude. Er streichelte mir nie den Bauch oder staunte, wenn das Baby mir gegen den Bauch trat.

Wir wollten einen Sohn – das wussten wir beide. In einem reinen Frauenhaushalt waren meine Schwestern und ich als Kinder stets eingeschränkt gewesen. Ich hätte oft gern einen Bruder gehabt – ich dachte, ein Bruder hätte bestimmt mehr Freiheit und könnte meine Mutter beeinflussen, nicht so streng zu sein. Und natürlich wünschte Jeslam sich einen Jungen, weil er ein Saudi war: So einfach war das. Vielleicht hing es mit meinem iranischen Hintergrund zusammen, dass mir das klar war, ohne dass es je ausgesprochen werden musste.

Auf Anraten meines Arztes musste ich das Studium unterbrechen und fast die ganze Schwangerschaft möglichst viel ruhen. Ein amerikanischer Freund von mir, Billy, kam zu Besuch. Wir hatten uns in Genf kennen gelernt und waren seitdem gut befreundet.

Ich freute mich auf seinen Besuch, nachdem ich tagelang nicht aus dem Haus gekommen war. Mein dicker Bauch war natürlich Thema Nummer eins. Ich sagte zu Billy, dass wir hofften, es würde ein Junge, doch Billy sagte: »Ich hoffe, es wird ein Mädchen. Und ich hoffe, sie wird genau wie du. Das wäre toll.«

Ich blickte Jeslam an und lächelte. Seine Miene hatte sich verfinstert. Er starrte Billy an, nicht missbilligend, sondern er war ganz still und schweigsam. Billy verabschiedete sich ziemlich schnell wieder. Er kam noch einmal zu Besuch, aber Jeslam gelang es, ihm wortlos klar zu machen, dass er nicht mehr willkommen war.

Zu Anfang merkt man gar nicht, dass man allmählich zum Besitz eines anderen wird. Zwei Menschen verlieben sich ineinander und werden eins, nähern ihre jeweiligen Vorlieben und Persönlichkeiten einander an, bis sie sich unbesiegbar fühlen. Erste Meinungsverschiedenheiten werden unterdrückt, die eigene Persönlichkeit wird mehr und mehr dem Wunsch untergeordnet, dem anderen zu gefallen. Man verliert sich im anderen – vor allen dann, wenn beide aus verschiedenen Kulturen stammen, wie Jeslam und ich. Die Schwangerschaft machte mich zusätzlich für diese Entwicklung empfänglich ebenso wie meine Jugend. Es lief so unmerklich ab, dass ich es nicht einmal spürte, aber meine Persönlichkeit wurde immer weniger, und Jeslam nahm immer mehr Raum ein.

In diesen langen Schwangerschaftsmonaten war Mary Martha meine Rettung. Mir war ständig übel – monatelang konnte ich mich in kein Auto setzen. Mary Martha half Jeslam bei der Suche nach einem größeren Haus für uns und fand eins in Pacific Palisades. Sie kutschierte mich überallhin, zum Einkaufen von Babysachen und einem Bettchen, zum Lamaze-Kurs, und hörte mir geduldig zu, wenn ich von dem kleinen Jungen plapperte, den ich mir erträumte.

Als Mary Martha einmal ein Wohltätigkeitslunch plante und keine Helfer fand, trommelte ich die Bin Ladins zusammen. Ibrahim, mit seinem wilden Afrolook, gab den Kellner ab, Jeslam sammelte an der Tür das Geld ein. Ich stand in meinem teuren Umstandskleid aus Seide in der Küche und machte den Abwasch. Eine ältere Dame nahm Mary Martha beim Abschied beiseite und sagte in lautem Flüsterton: »Sie haben da ja wirklich ein paar ganz besondere Hilfskräfte. Wo haben Sie die denn bloß her?«

»Das darf ich nicht verraten, aber Sie könnten sich diese Leute ohnehin nicht leisten«, flüsterte Mary Martha ebenso laut zurück, und wir in der Küche kugelten uns fast vor Lachen.

Mary Marthas Familie adoptierte uns: Ich hatte jetzt eine amerikanische Familie. Wenn ihre Eltern aus Arizona zu Besuch kamen, schauten wir stets vorbei, um sie zu begrüßen. Mary Marthas Vater, Les Berkley, hatte eine große Farm, wo er Eisbergsalat anbaute – er war ein kräftiger John-Wayne-Typ. Mary Marthas Mutter, Mrs. Berkley, war eine elegante, intelligente Frau, stramme Republikanerin, mit sehr viel Humor. Wir sprachen über amerikanische Politik und die amerikanische Verfassung und über die Familie. Ab und zu machten wir zusammen den Wortschatztest im *Reader's Digest,* für sie ein Vergnügen, für mich eine gute Übung.

In Mary Marthas Familie gingen alle sehr liebevoll und respektvoll miteinander um, was für mich etwas Neues war. Man hatte mich in der Schweiz dazu erzogen, Älteren bedingungslos zu gehorchen – einfach nur weil sie älter waren. Alter und Autorität lösten in mir automatisch Respekt aus. In Mary Marthas Familie dagegen akzeptierten sich alle untereinander. Alle waren wohlerzogen, und doch konnte jeder frank und frei seine Meinung sagen, auch wenn er damit allein dastand.

Im Kreise der Berkleys fühlte ich mich richtig geborgen. Jeder wurde respektiert, unabhängig von seinem Alter. Sogar die Meinung eines Kindes wurde ernst genommen. Der höfliche Umgang miteinander war nicht mechanisch, sondern wohl überlegt. Diese Haltung nahm ich später mit nach Saudi-Arabien. Ich bemühte mich, meine Töchter in diesem Geist zu erziehen. Von Tag zu Tag mehr verinnerlichte ich die Werte dieser neuen, freien Kultur: Amerika.

Eines Morgens im März 1975 weckte mich Jeslam mit der Nachricht, dass König Faisal ermordet worden war – erschossen von einem seiner Neffen. Ich spürte, wie aufgewühlt er war. Saudi-Arabien sei in Aufruhr, sagte Jeslam. Es wurde behauptet, der Attentäter sei geistig verwirrt, doch höchstwahrscheinlich war die Tat ein Racheakt. Jeslam erklärte mir, dass der Bruder des Mörders zehn Jahre zuvor hingerichtet worden war, weil er sich an einer islamisch-fundamentalistischen Revolte gegen die Entscheidung König Faisals beteiligt hatte, im Königreich das Fernsehen zuzulassen.

Jeslam drängte es danach immer stärker nach Hause,

um in das Familienunternehmen einzusteigen. Er beschleunigte sein Studium, um möglichst bald seinen Abschluss machen zu können.

Ich brachte derweil unser Kind zur Welt – das bedeutendste Ereignis meines Lebens, das mich für immer verändern würde. Mary Martha war bei mir. (Ich war der Meinung, Jeslam würde die blutigen Einzelheiten nicht so gut verkraften.) Das Baby war ein Mädchen.

Viel später erfuhr ich, dass Jeslam sich einfach auf dem Absatz umdrehte und aus dem Krankenhaus marschierte, als man ihm mitteilte, dass er eine kleine Tochter bekommen hatte. Doch damals war ich zu erschöpft, um mir irgendwelche Gedanken zu machen. Als ich dann schließlich auf meinem Zimmer lag und man mir mein Baby brachte, wusste ich nur, dass Jeslam da war. Ich dachte, er sei vielleicht ein wenig enttäuscht, aber ich war mir sicher, dass er sich schon daran gewöhnen würde.

Jetzt brauchte unsere Tochter einen Namen. Wir hatten einen Jungennamen ausgesucht – Faisal –, aber wir hatten uns noch keinen Namen überlegt, falls es ein Mädchen würde. Jeslam entschied sich für Waffa, die Aufrichtige.

Ich hatte nicht damit gerechnet, eine Tochter zu bekommen, doch die Kleine war die wunderbarste Überraschung der Welt. Waffa war schön – für ein Neugeborenes wirklich ungewöhnlich bezaubernd – und wenn ich sie betrachtete, konnte ich unmöglich enttäuscht sein. Ich war fasziniert und überglücklich. Jeslam dagegen war manchmal etwas griesgrämig. Ich hatte fast den Eindruck, als wäre er eifersüchtig, weil die kleine Waffa mich so in Anspruch nahm. Obwohl er aus einer großen Familie stammte, brachte er seiner Tochter erheblich weniger Aufmerksamkeit entgegen als ich. Wenn ich ihn auf irgend etwas Neues hinwies, was sie gelernt hatte – an den Zehen nuckeln oder nach Spielzeug greifen –, schien er sich zwar zu freuen, aber ich musste ihn immer erst darauf hinweisen.

Kurz nach Waffas Geburt ging ich zusammen mit Mary Martha Babysachen einkaufen, eine gute Gelegenheit für Jeslam, mit seiner Tochter einmal allein zu sein. Waffa musste noch alle zwei Stunden gestillt werden, also beeilten wir uns. Als wir zurückkamen, hielt Jeslam sie mir hin wie ein Paket. »Ihre Windeln sind nass«, sagte er. »Du solltest sie wickeln.«

Jeslam benahm sich richtig albern, dachte ich. War er wirklich nicht auf die Idee gekommen, ihr selbst die Windel zu wechseln? Ich war fast gerührt. Durch seine Unbeholfenheit fühlte ich mich in meiner neuen Mutterrolle noch selbstsicherer und kompetenter.

Waffa war für mich ein kleines Wunder. Zum ersten Mal im Leben war ich verantwortlich für einen anderen Menschen. Wie alle neuen Mütter schwor ich, dass ich nicht die gleichen Fehler machen würde wie meine Mutter bei ihren Töchtern. Ich würde den Charakter meiner Tochter respektieren – sie zu dem Menschen heranreifen lassen, der in diesem vollkommenen, kleinen Körper schon auf seine Entfaltung wartete.

Ich wollte kein Kindermädchen engagieren (obwohl wir inzwischen ein Hausmädchen fürs Kochen und Putzen hatten). Ich war diejenige, die nachts aufstand, um Waffa zu stillen, obwohl Jeslam das nicht recht war.

Tagsüber hatte ich sie immer bei mir und sprach die ganze Zeit mit ihr. Sie schaute mich mit ihren klaren Augen an, als würde sie jedes Wort verstehen.

Besonders schön fand ich es, mit Waffa in ihrem neuen Buggy in den Park zu gehen, mit ihr in der Sonne zu spielen und den wunderbaren Babygeruch in den Falten ihres Halses zu riechen. Sie war ein richtiger kleiner Dickkopf und hatte einen ausgesprochen starken Charakter. Nachdem ich sie abgestillt hatte, wollte sie monatelang nichts anderes essen als Fertiggerichte – vorzugsweise Reis mit Truthahn – und nicht einmal Mary Marthas ausgezeichnete Küche konnte sie in Versuchung führen.

Ich beschallte unser Haus mit Musik – Cat Stevens, Shirley Bassey, Charles Aznavour, Jacques Brel –, wirbelte mit meinem bezaubernden kleinen Mädchen im Wohnzimmer herum. Waffa wurde von Tschaikowsky in den Schlaf getragen, denn auch in ihrem Zimmer stand eine Stereoanlage, inmitten von einem ganzen Berg Spielsachen. Nichts war mir für meine Waffa zu teuer.

Ich ging nicht wieder ans College, obwohl ich bei jeder Klausur und jeder Prüfung von Jeslam mitfieberte, während er sein Studium im Schnelldurchgang absolvierte. Er hatte einen raschen und scharfen Verstand. Ich bewunderte seine Intelligenz, seine Disziplin, seine rasche Auffassungsgabe. Je näher seine Abschlussprüfung rückte, desto konkreter wurden seine Pläne, mit uns nach Saudi-Arabien zu gehen. Als der Preis für Rohöl nach dem Ölembargo von 1973 binnen weniger Monate von drei auf zwölf Dollar stieg, strömte das große Geld nur so nach Saudi-Arabien. Jeslam erkannte, was für geschäftliche Möglichkeiten sich dadurch auftaten, und wollte sie nutzen. Er sagte mir, es würde wunderbar für unsere kleine Familie. Ich wusste, dass ich dann meine Hoffnungen begraben konnte, wieder aufs College zu gehen – dass ich vieles begraben konnte –, doch durch das glückliche Leben mit meiner geliebten kleinen Waffa und meinem schlauen, gut aussehenden Mann wiegte ich mich in trügerischer Sicherheit und erklärte mich einverstanden.

6

Das Leben bei den Bin Ladins

Wir zogen im Herbst 1976 nach Dschidda. Als das Flugzeug diesmal zur Landung ansetzte, hatte ich eine richtige saudische Abaja aus dünner Seide dabei, um Kopf, Augen, Hände, jeden Quadratzentimeter meines Körpers zu bedecken. Aber das bedrückende Gefühl, das ich schon vergessen hatte, kam wieder, als ich mich in die undurchdringliche Gaze hüllte, und zwar stärker als zuvor. Ich würde nicht nach zwei Wochen wieder abreisen. Das hier war kein Schleier, den ich irgendwann zusammenknüllen und in einen Schrank werfen und vergessen konnte. Diese Abaja würde mich nun überallhin begleiten. In diesem neuen, fremden Land würde die Abaja mein Leben symbolisieren.

Wenn ich in den Jahren danach ins Ausland reiste, fragten mich die Leute unweigerlich als Erstes: »Tragen Sie den Schleier?« Und wenn ich bejahte, fand ich es immer lustig, wie erstaunt und schockiert sie waren. Natürlich war der Schleier lästig. Er war eine Beleidigung für meine Intelligenz und meine Freiheit. Aber ich machte kein Drama daraus. Um mein Unbehagen zu verdrängen, akzeptierte ich damals die saudische Erklärung, dass die Abaja Respekt vor Frauen symbolisierte. Aber im Grunde war ich ja ohnehin überzeugt, dass das Ganze nur ein Intermezzo war.

Ich bin von Natur aus Optimistin. Dschidda erlebte

einen wirtschaftlichen Aufschwung, und immer mehr Ausländer kamen ins Land. Die beängstigende Leere der Wüste um Dschidda herum wich schon bald breiten, neuen Straßen und funkelnden Wolkenkratzern. Ich war mir sicher, dass die saudische Gesellschaft auf dem Weg in die moderne Welt war, genau wie schon andere Kulturen vor ihr.

Es würde nicht mehr lange dauern, so redete ich mir ein, und saudische Frauen würden – wie im Iran – selbst entscheiden können, ob sie den Schleier trugen oder nicht. Wir würden uns bald ganz selbstverständlich in der Öffentlichkeit bewegen können, zu Fuß oder mit dem Auto. Wir würden allein einkaufen gehen, es würde bald Geschäfte geben. Wir würden einen Beruf ausüben, wenn wir wollten.

Unterdessen musste ich mich an mein neues Leben gewöhnen und versuchen, eine gute saudische Frau und Mutter zu werden. Wir zogen zu Om Jeslam und Jeslams Schwester Fauzia ins Haus. Ich durfte Om Jeslams sudanesischen Fahrer Abdu in Anspruch nehmen, und wir stellten ein zweites äthiopisches Hausmädchen ein.

Ich tat mein Bestes, mich anzupassen. Ich lernte ein paar Brocken Arabisch, und als Waffa zahnte und ihre ersten wackeligen Schritte machte, nahm mich mein Mutterdasein voll und ganz in Anspruch. Ansonsten gab es in meinem neuen Leben nichts, das mir leicht fiel.

Am merkwürdigsten für mich war es, nach und nach von Om Jeslams leisem, gemächlichem Leben umhüllt zu werden, von ihrer Frauenwelt. Es war, als würde ich narkotisiert. Om Jeslam war eine gute Frau, doch ihre einzigen Interessen waren Kochen und der Koran. Sie betete fünfmal am Tag, und sie lebte wie in einem unsichtbaren Käfig aus Traditionen.

Bezeichnenderweise ist das arabische Wort für Frau *hormah*, was sich wiederum von dem Wort *haram* ableitet: tabu. Om Jeslam war jeden Augenblick ihres Leben darauf bedacht, die Rituale und Regeln der islamischen Bräuche zu beachten. Einfach alles war *haram*, eine Sünde, und wenn es keine Sünde war, dann war es *abe*, unanständig. Es war *haram*, Musik zu spielen, *abe*, auf der Straße zu gehen; *abe*, mit einem männlichen Bediensteten zu sprechen, *haram*, von einem Mann, der nicht zur Familie gehörte, gesehen zu werden. Om Jeslam war eine duldsame Frau, und ihr stilles, gelassenes Gesicht setzte nur selten eine tadelnde Miene auf, doch ihre stets höflich formulierte Überraschung verriet mir jedes Mal, wenn sie mein Verhalten missbilligte.

Für eine Bin-Ladin-Frau war es so gut wie immer *haram* und *abe*, das Haus zu verlassen. Unter keinen Umständen durfte ein fremder Mann unser Gesicht sehen. Wenn wir aus dem Haus gingen, dann mit einem konkreten Ziel, wohin wir mit dem Auto gebracht wurden, von einem Mann. Es dauerte Monate, bis ich mir halbwegs vorstellen konnte, wie das Viertel angelegt war, in dem wir wohnten.

Die Einkäufe erledigte das Personal. Wenn wir etwas brauchten, wurde Abdu oder ein anderer Fahrer von dem Hausboy instruiert, was besorgt werden sollte. Und es ging nicht nur um Badeanzüge. Sie besorgten einfach alles – vom Tee bis zu den Monatsbinden. Wenn uns etwas nicht gefiel, brachte der Fahrer alles zurück und kam mit einem anderen Koffer voll wieder. Wir suchten uns aus, was wir brauchten, er fuhr mit dem Koffer wieder zu dem Geschäft, erkundigte sich nach den Preisen und kam erneut wieder, um das Geld zu holen.

Dieses umständliche Theater machte mich wahnsinnig.

Das System, das alle Frauen in ein Netz aus Zwängen einschnürte, machte jeden noch so kleinen Aspekt meines Lebens unerhört kompliziert. Waffa zum Beispiel war an Babymilch der Marke Similac gewöhnt. Ich hatte zwar einen großen Vorrat mitgebracht, doch der ging langsam zur Neige. Ich hatte Sorge, dass sie vielleicht auf andere Marken allergisch reagieren könnte – ich hatte den Eindruck, dass es ihr an Energie fehlte, obwohl das vielleicht von der Hitze kam. Ich wollte unbedingt Similac-Babymilch und schickte Abdu los, welche zu besorgen, doch er kam immer mit irgendeiner anderen Sorte wieder.

Die Babymilch wurde für mich zur fixen Idee. Ich konnte mir nicht vorstellen, dass es im ganzen Land nur zwei Sorten Babymilch gab. Eines Abends sagte ich zu Jeslam, ich wollte unbedingt zu dem Lebensmittelladen, um selbst nachzusehen. Er willigte ein.

Ich würde einkaufen gehen! Was für ein Schritt nach vorn! Ich jubelte. Abdu und Jeslam brachten mich, die ich von Kopf bis Fuß in die Abaja gehüllt war, mit dem Auto hin. Jeslam sagte, ich solle kurz im Wagen bleiben, und verschwand. Nach zehn Minuten kam er zurück und begleitete mich zum Eingang.

Ich ging an einer Reihe von gut einem Dutzend Männern vorbei, die alle draußen vor der Tür standen und stur in eine andere Richtung blickten. Sobald ich den Laden betrat, wurden meine Hoffnungen zunichte. Der Laden war ein schäbiger, fensterloser Raum, staubig und voll gestopft mit Kartons voller Konservendosen. Es roch wie in einer Lagerhalle. Allein die Milch zu finden, war schwierig – die Kartons hatten nämlich keine Etiketten. Die Auswahl war praktisch gleich null und natürlich gab es keine Similac. Und damit eine einzige völlig in Schwarz gehüllte Frau mit ihrem Mann hineinkommen konnte, waren sämtliche Kunden und Verkäufer hinausgeschickt worden.

Wovor hatten sie nur Angst – dass sie sich ansteckten? Bei einer Frau, deren Gesicht und Körper nicht einmal zu sehen waren? Konnte es denn wirklich ein Zeichen von Höflichkeit und Respekt sein, dass diese Männer mir den Rücken zudrehten, weil ich eine Frau war? Ich war außer mir vor Wut. Nur wenige Wochen zuvor war ich durch einen hell erleuchteten Supermarkt in Kalifornien gerauscht und hatte frisches Obst und Frühstücksflocken für meine Familie eingekauft. Ich fuhr mit einem bitteren Knoten aus Heimweh in der Magengegend wieder nach Hause. Ich hatte das Gefühl, in einem außerirdischen Paralleluniversum festzustecken.

Ich musste mich irgendwie beschäftigen. Ich musste lesen. Mein Geist und mein Körper lechzten geradezu nach Anregung. Die zwei Fernsehsender zeigten den ganzen Tag einen Imam, der aus dem Koran vorlas. Für leichtere Kost sorgten höchstens sechs oder sieben Jahre alte Jungen, die für ihr Koranwissen Preise gewonnen hatten und die heiligen Texte aus dem Gedächtnis aufsagten. Ausländische Zeitungen wurden mit Markierstift zensiert: Artikel über Saudi-Arabien oder Israel, Fotos oder Werbeanzeigen, die auch nur einen Zentimeter nackte Haut von einer Frau zeigten, waren geschwärzt. Ich hielt sie gegen das Licht, um die verbotenen Wörter zu entziffern, die der Zensur zum Opfer gefallen waren.

Bücher gab es nicht. Auch keine Theater, keine Konzerte, keine Kinos. Es gab keinen Grund auszugehen, und möglich war es ohnehin nicht: Zu Fuß durfte ich mich draußen nicht bewegen und ein Auto zu lenken war mir als Frau verboten. So gern ich Mutter war, die ausschließliche Beschäftigung mit Waffa reichte nicht aus, um mich geistig auszufüllen.

Ich musste vor die Tür. Ich erzählte Jeslam, wie verzweifelt ich war. Er hatte Verständnis – er schlug eine dreitägige Reise nach Genf vor, damit ich mich mit Büchern und Babymilch eindecken und mein Heimweh lindern konnte. Wie so oft in jenen ersten Jahren in Saudi-Arabien gelang es Jeslam, mich irgendwie zu beruhigen, wenn ich mich beklagte. Ich blühte wieder auf: Jeslam stand auf meiner Seite.

Meine vertraute Welt in Genf wirkte erschreckend anders. Plötzlich sah ich alles mit neuen Augen. Alles, was mir immer selbstverständlich gewesen war, erschien mir plötzlich wie ein Wunder. Ganz anders als das gerade mal fünf Stunden entfernt liegende braune, trockene, öde Land, das den Flughafen von Dschidda umgab, war die Landschaft hier abwechslungsreich und voller Leben. Überall waren Häuser und Menschen, die

Felder und Gärten eine Farbenpracht. Ich konnte den Blick nicht von den blaugrauen Bergen losreißen, versuchte mir jeden gezackten Grat einzuprägen. Sogar die Bäume im Garten meiner Mutter kamen mir unglaublich bedeutsam vor. Ich betrachtete hingerissen die Formen und Farben der roten Herbstblätter, saugte sie in mein Gedächtnis ein. Es war, als würde ich sie zum ersten Mal sehen.

Ich kaufte stapelweise Bücher und einen riesigen Vorrat Grundbedarfsartikel. Dann wappnete ich mich innerlich für die Rückreise.

In unserem ersten Jahr in Saudi-Arabien war Jeslam häufig für das Familienunternehmen unterwegs. Meistens musste er nach Dammam, einem ehemaligen Fischerdorf am Persischen Golf, das sich im Zuge der rasant expandierenden Ölindustrie zur Hafenstadt gemausert hatte. Wenn ich dann zwei, drei Tage hintereinander in Dschidda allein war und sich in dieser Zeit mein Kontakt zu Erwachsenen auf Om Jeslam und Fauzia beschränkte, langweilte ich mich zu Tode – Büchervorrat hin oder her.

Tagsüber war ich meistens allein mit Om Jeslam. Fauzia ging zur Universität – sie studierte Betriebswirtschaft –, doch von so einer Universität hatte ich noch nie gehört. Die Seminare, die Fauzia besuchte, waren in Wahrheit Video-Vorlesungen von Dozenten, die, da sie Männer waren, die Studentinnen nicht direkt unterrichten durften. Es gab zwar eine Bibliothek, aber um Bücher auszuleihen, mussten die Studentinnen sie schriftlich bestellen und konnten sie eine Woche später in einem speziellen Büro für Frauen abholen. Ich erlebte nie, dass Fauzia ein Buch las oder von ihrem Studium erzählte.

Ich spürte, dass ich immer träger wurde. Ich langweilte mich und fühlte mich ziellos wie ein Goldfisch, der in seinem absolut glatten Glas immer langsamer schwimmt und nichts anderes zu tun hat, als nach Luft zu schnappen.

Die drückende Hitze war für uns alle unerträglich. Tagsüber verließen wir nie das klimatisierte Haus. Selbst bei Einbruch der Dämmerung war der Garten noch der reinste Backofen. Richtig lebhaft wurde Om Jeslam das erste Mal, als es regnete. Als wir morgens aufstanden, war der Himmel grau, und alle sprachen aufgeregt darüber, dass es bald regnen würde. Als die ersten Tropfen fielen, eilten Om Jeslam und Fauzia in den Garten. »Es regnet, es regnet«, riefen sie. »Komm raus und sieh dir das an.« Ich wusste, was Regen war – endlich etwas, was ich sehr gut kannte –, aber ihnen zuliebe ging ich nach draußen. Der nasse Sand roch unangenehm, aber ich machte gute Miene zum bösen Spiel. Es regnete den ganzen Vormittag, bis das Wasser schließlich gut dreißig Zentimeter hoch im Garten stand und gegen die Betonmauern schwappte. Ein paar Tage lang wurde der Sand grün, als wäre sogar die Wüste dankbar.

Später rannte auch ich bei Regen nach draußen, froh über jede noch so kleine Abwechslung in meinem monotonen Leben.

Die Sandstürme waren dagegen kein Vergnügen. Nadelspitze Sandkörner wurden von einem wirbelnden, schneidenden Wind aufgepeitscht. Der Himmel verdunkelte sich, manchmal tagelang. Sandwolken drangen überall ein, durch geschlossene Türen und Fenster, durch die Kleidung, in die Schuhe und ins Essen. Es war unangenehm und beängstigend: Das Geräusch war unheimlich. Ich konnte mich nie daran gewöhnen.

Wenn es vorbei war, fegte der Gärtner den Sand zurück in die Wüste, ein sinnloses Unterfangen, das mir stets zu denken gab. Wir wohnten in einer Gegend, die eigentlich für Menschen nicht geeignet war. Dschidda liegt zwar am Meer – es ist eine größere Hafenstadt –, aber die Wüste ist allgegenwärtig, steinig und wild, und sie versucht ständig, weiter vorzudringen. Es gibt nicht einmal einen Fluss, kein sanftes, natürliches Grün, keine zarten Farben.

Die Wüste Saudi-Arabiens ist in gewisser Weise wunderschön: Die welligen Sanddünen, das faszinierende Licht und der breite, weite Horizont ließen mich immer an das Meer denken. Aber sie ist riesig und einförmig – unbeschreiblich leer. Ein Königreich, das der Wüste abgerungen wurde, hat etwas Abschreckendes an sich. Bis ins 19. Jahrhundert hatte kein Europäer je auch nur einen Fuß in diese unermesslich große, einsame Wüste gesetzt, dem vielleicht unwirtlichsten Landstrich auf unserem Planeten.

7

Der Patriarch

Als Gesellschaft steckt Saudi-Arabien mit seinen drastischen Verboten im finsteren Mittelalter. Die saudische Spielart des Islam – der Wahhabismus – beharrt gnadenlos auf einem alten gesellschaftlichen Verhaltenskodex. Das Land hat keine vielschichtige, intellektuelle Kultur wie der Iran oder Ägypten. Das Königreich war nicht einmal fünfzig Jahre alt, als ich es erstmals besuchte, und es war – ist – noch immer nicht sehr weit von seinen anfänglichen Stammestraditionen entfernt.

Saudi-Arabien ist zwar ein wohlhabendes Land, aber in der reichen und facettenreichen arabischen Welt ist es das wohl unkultivierteste. Soziale Beziehungen werden überaus simpel und rigoros definiert. In der Familie hat der Patriarch das Sagen, und er verlangt absoluten Gehorsam. Die einzigen Werte, die in Saudi-Arabien zählen, sind Loyalität und Ergebenheit – zuerst dem Islam gegenüber, dann dem Clan.

Jeslams Vater Scheich Mohammed war in vielerlei Hinsicht der Prototyp des saudischen Patriarchen, obwohl er aus dem benachbarten Jemen stammte. Seine Persönlichkeit war überlebensgroß, sein Wille war Gesetz. Mohammed war als armer Arbeiter in den 1930er Jahren nach Saudi-Arabien gekommen. Er konnte blitzschnell rechnen, aber weder lesen noch schreiben. Mohammed war ein frommer, ehrlicher, gewissenhafter Mann und wurde, nachdem er eine Firma gegründet hatte, von seinen Arbeitern respektiert. Als er 1967 im Alter von neunundfünfzig Jahren bei einem Flugzeugabsturz ums Leben kam, war sein Unternehmen zum größten Baukonzern im Nahen Osten gewachsen.

Scheich Mohammeds Kontakte zum saudischen Königshaus rührten aus der Zeit, als König Abd al-Asis, der Gründer des Reiches, noch auf dem Thron saß. Laut der Bin-Ladin-Legende war der kränkliche König nicht mehr in der Lage, die Treppe in einem seiner Paläste hochzugehen. Scheich Mohammeds Unternehmen baute eine spezielle Rampe, damit der König mit dem Auto direkt in die erste Etage kutschiert werden konnte.

Laut einer anderen Familiengeschichte unterbot Scheich Mohammed das Angebot einer italienischen Firma für den Bau der Straße von Dschidda nach Taif in den Bergen, wo König Abd al-Asis häufig den Sommer verbrachte. Mohammed folgte einem Maultier auf dem Weg nach oben, zeichnete die Route des Tieres ein und baute so die Straße.

Jeslams Vater war ein großzügiger Mann, der zu sehr spendablen Gesten neigte. Einmal, während der Regierungszeit des verschwenderischen Königs Saud, soll Scheich Mohammed tief in die eigene Tasche gegriffen und die Gehälter aller Regierungsbeamten gezahlt haben, um dem Königreich aus einer finanziellen Verlegenheit zu helfen. Ein anderes Mal, als eine Gruppe armer Indonesier auf Wallfahrt nach Mekka von ihrem Reiseleiter sitzen gelassen worden war und ohne Bargeld und Rückflugtickets dastand, baten die Pilger den Scheich Mohammed – den größten Arbeitgeber in der Gegend – um einen Job, damit sie sich das Geld für den Heimflug verdienen konnten. Er schenkte ihnen das Geld.

Scheich Mohammed war gerissen und tapfer zugleich. Er schuftete oft Seite an Seite mit seinen Arbeitern, denn anders als die meisten wohlhabenden Saudis hatte er keine Scheu vor harter, körperlicher Arbeit. Auch große Strapazen schreckten ihn nicht ab. Ich weiß nicht, ob die Geschichte, die Jeslam mir erzählte, wahr ist, aber Scheich Mohammed soll während des Krieges zwischen Ägypten und dem Jemen an der Seite seiner Männer unter Beschuss durch die ägyptische Luftwaffe einen Luftwaffenstützpunkt in der Nachbarregion von Saudi-Arabien fertig gebaut haben.

Scheich Mohammed führte ein Leben im spektakulär großen Stil. Und dieser Hang zum Spektakulären schlug sich auch in seinem Privatleben nieder. Der Islam erlaubt einem Mann, vier Frauen zu heiraten, und die meisten Saudis begnügen sich mit einer oder zwei Frauen – vier sind das Höchste der Gefühle. Doch Scheich Mohammed hielt es wie einige königliche Prinzen und brachte es durch entsprechend viele Scheidungen auf sage und schreibe zweiundzwanzig Ehefrauen, von denen noch einundzwanzig leben.

Nach Jahren in Saudi-Arabien erfuhr ich von einem engen Mitarbeiter Mohammeds, dass der Scheich am Abend seines Todes die dreiundzwanzigste Frau heiraten wollte. Er war auf dem Weg zu seiner Hochzeit, als sein Privatflugzeug in der Wüste abstürzte.

Scheich Mohammed wohnte selbst nie in Kilometer sieben, sondern zusammen mit den meisten seiner Frauen und Kinder in einem großen Anwesen in Dschidda. Außerdem besaß er etliche kleinere Häuser, unter anderem in der saudischen Hauptstadt Riad. Mohammeds Lieblingsfrau Om Haidar lebte bei ihrem Mann in dem großen Haus in Dschidda, wie Jeslam mir erzählte, und die Nächte verbrachte er dort, wo es ihm beliebte, mal bei der einen, mal bei der anderen Gattin in kleineren Häusern auf dem Anwesen. Das Kochen und die Beaufsichtigung der Kinder regelten die Frauen mehr oder weniger gemeinsam, je nach Sympathie untereinander, und die jeweils aktuellen Ehefrauen genossen einen höheren Status als die Geschiedenen.

Scheich Mohammed hatte vierundfünfzig Kinder. Ich zog Jeslam manchmal damit auf, dass sein Vater es mit König Saud aufnehmen wollte, der es auf über hundert Nachkommen gebracht hatte. Es war eigentlich kein Witz – selbst in Saudi-Arabien war ein so gewaltiger Clan eine Seltenheit.

Alle Kinder Scheich Mohammeds sollten ihr Leben lang im riesigen Schatten ihres Vaters stehen. Für sie war er ein Held – eine ferne, sagenhafte Gestalt, streng und gottesfürchtig. Die jüngeren Kinder bekamen ihn nur selten zu Gesicht. Von Zeit zu Zeit, so erzählte Jeslam, gingen er und seine Brüder zu dem großen Haus, um sich auf den Zahn fühlen zu lassen. Ihr Furcht einflößender Vater fragte sie dann, ob sie auch brav gebetet hatten, oder forderte sie auf, etwas aus dem Koran aufzusagen, und er belohnte sie mit einer Münze oder einem Tätscheln.

Scheich Mohammed faszinierte mich. Ein armer Mann, des Lesens und Schreibens unkundig, war aus einer der ärmsten Gegenden auf Erden – dem Hadramaut im Jemen – nach Saudi-Arabien ausgewandert, in ein Land, das von den Anfängen einer modernen Zivilisation noch weit entfernt war. Und er war einer der mächtigsten Männer in der erst aufblühenden Wirtschaft des Königreichs geworden. Dem Analphabeten und ehemaligen Arbeiter gelang der Aufstieg in die höchsten Kreise des fast noch dem Mittelalter verhafteten Systems. Er war der größte Arbeitgeber im Land. Könige vertrauten ihm und gewährten ihm ihre Freundschaft. In jeder Kultur wäre Scheich Mohammed als Genie betrachtet worden.

Leider konnte keines seiner Kinder Scheich Mohammed das Wasser reichen. Jeslam mit seinem hellwachen Verstand wäre vielleicht noch am ehesten dazu imstande gewesen, aber er war zu unsicher und ängstlich – er hatte nicht das Format seines Vaters. Salem ließ das Unternehmen stagnieren, Bakr war zu phantasielos, um Visionen zu entwickeln. Und Osama? Er hat den Namen Bin Ladin weiß Gott in der ganzen Welt bekannt gemacht, aber ich möchte gern glauben, dass sein Vater nicht befürwortet hätte, welche Mittel er dafür gewählt hat.

Einmal, so erzählte mir Jeslam, wurde Tabet bei einer Lüge erwischt und bekam dafür von Mohammed Schläge. Ein anderes Mal nahm Mohammed einen seiner älteren Söhne mit zu einem Besuch bei König Faisal. Der König forderte den Jungen auf, im Empfangszimmer neben ihm Platz zu nehmen – er bestand darauf, dass der Junge zu ihm kam, und wies ihm einen Sitzplatz zu, doch Mohammed sagte Nein. Er verweigerte sich dem König.

Mohammed erlebte es kein einziges Mal, dass seine Söhne ihm den Gehorsam verweigerten oder auch nur untereinander stritten. Die Rangfolge war klar: Scheich Mohammeds Wort war Gesetz.

Scheich Mohammed war ein gut aussehender, tatkräftiger Mann. Noch heute habe ich in meinem Wohnzimmer ein eindrucksvolles Foto von ihm. In seinem saudischen Gewand, mit dunkler Brille, wirkt er energisch, stark und intelligent. Seine Kinder fürchteten ihn. Auch seine Frauen: Ich habe praktisch keine saudische Frau kennen gelernt, die nicht Angst vor ihrem Mann hatte. Scheich Mohammed war nicht gewalttätig, aber er hatte uneingeschränkte Macht über seine Ehefrauen. Er konnte sie vernachlässigen oder, schlimmer noch, sich von ihnen scheiden lassen. Sie lebten wie in Gefangenschaft, völlig abhängig von ihm. Eine Ehefrau in Saudi-Arabien kann nichts ohne Zustimmung ihres Mannes tun. Sie darf das Haus nicht verlassen, darf nicht studieren, häufig nicht einmal mit ihm am selben Tisch essen. Die Frauen in Saudi-Arabien führen ein Leben in Gehorsam, abgeschottet von der Außenwelt und in der ständigen Angst davor, hinausgeworfen und verstoßen zu werden.

Als ich nach Saudi-Arabien kam, lebte Haidars Mutter, Mohammeds Lieblingsfrau, noch in der Nähe von

Kilometer sieben. Sie war hübsch und ein Organisationstalent – solange sie da war, so erzählte Jeslam mir, lief im Haus alles wie am Schnürchen und sein Vater konnte sich entspannen. Om Haidar war gebildeter als manch andere von Mohammeds Frauen. Sie kam aus Syrien, und sie hatte eine resolute Ausstrahlung. Ihr Lächeln war sanft, ihre Stimme melodisch, und ich glaube, dass Om Jeslam sie sich bewusst zum Vorbild genommen hat.

Aber Om Haidar hatte nicht das Sagen im Clan. Alle meine Schwiegermütter verstanden sich untereinander prächtig, obwohl einige in Riad oder Mekka wohnten und etliche von den aus dem Ausland stammenden Ehefrauen – die aus dem Libanon, Ägypten oder Äthiopien – ständig zwischen ihrer Heimat und Dschidda, wo ihre Kinder lebten, hin und her pendelten. Nicht einmal Salem, der älteste Bruder, gab je irgendwelche offensichtliche Anordnungen, obwohl er der anerkannte Clan-Führer war und viele meiner Schwägerinnen – insbesondere diejenigen, die keine Brüder hatten – bei jeder wichtigen Entscheidung, die ihr Leben betraf, auf ihn angewiesen waren. Die Familie funktionierte nach einem unausgesprochenen Einvernehmen, ohne dass jemand das Zepter in die Hand nahm.

Als ich nach Dschidda kam, sieben Jahre nach Scheich Mohammeds Tod, bestand zwischen den Noch-Frauen und den geschiedenen Frauen kein erkennbarer Unterschied. Mohammed hatte sich natürlich von etlichen scheiden lassen, und eine von ihnen, Om Ali, hatte er nach der Scheidung wieder geheiratet. Er pflegte seine Exfrauen und ihre Kinder so lange auf seinem Anwesen wohnen zu lassen, wie die Frauen keinen anderen Mann heirateten. Wenn sie wieder eine Ehe eingingen – wie Om Tareg –, behielt er die Kinder und überließ sie der Obhut seiner anderen Frauen.

Als ich schon lange in Saudi-Arabien gelebt hatte, erfuhr ich, dass Mohammed nicht nur Ehefrauen und Geschiedene gehabt hatte, sondern manchmal auch Verträge mit Halb-Ehefrauen abschloss. Diese *serah* genannte Praxis – wir würden von Konkubine sprechen, obwohl das Wort nicht ganz zutreffend ist – hat in Saudi-Arabien nicht den besten Ruf und man begegnet ihr auch nicht häufig, aber sie ist legal. Wahrscheinlich weil im Islam kein Kind unehelich sein darf, wurde vor langer Zeit eingeräumt, dass ein Mann mit einer Frau oder ihrem Vater eine Art zeitlich begrenzten Ehevertrag abschließen kann.

Die Ehe kann je nach Vertrag eine Stunde oder ein ganzes Leben dauern, aber in keinem Fall hat die Halb-Ehefrau nach dem Tod des Mannes einen Erbschaftsanspruch. Wenn ein Kind geboren wird, ist es ehelich, und Mohammed brachte diese Mütter ebenfalls auf seinem Anwesen unter und behandelte deren Kinder genau wie seine übrigen.

Wenn Scheich Mohammed aus welchen Gründen auch immer eine Frau verstieß, behielt er stets das Kind. In Saudi-Arabien kann ein Mann ganz nach Belieben über sein Kind verfügen. Mich durchlief es immer kalt, wenn ich mit dieser Tatsache konfrontiert wurde. In all den Jahren, die ich in dem Land lebte, lernte ich viele Frauen kennen, die keinerlei Kontakt mehr zu ihren Kindern haben durften, nicht einmal telefonisch.

Und ich erfuhr auch, dass der Patriarch ein Kind, das sich den harten Sitten und Gebräuchen widersetzt, sogar töten darf.

8

Das Leben als Fremde

Zwangsläufig gewöhnte ich mich im Laufe der Monate an mein neues Leben. Und ich begann sogar, Zukunftspläne zu schmieden. Zum Beispiel hätte ich gern das Haus renoviert: Ich war Tag und Nacht dort eingeschlossen – oftmals wochenlang ohne Unterbrechung –, und die Inneneinrichtung war einfach scheußlich.

Ich versuchte, mich beschäftigt zu halten, las viel, spielte mit Waffa. Eines Tages kam Jeslams jüngerer Bruder Osama zu Besuch. Heute ist er natürlich der mit Abstand berüchtigtste Bruder von Jeslam. Damals jedoch spielte er keine große Rolle: Er war jung, studierte an der König-Abd-al-Asis-Universität in Dschidda und wurde von seiner Familie wegen seines strengen Glaubens respektiert. Seit kurzem war er mit einer syrischen Nichte seiner Mutter verheiratet.

Osama war fest in die Familie eingebunden, obwohl er nicht in Kilometer sieben wohnte. Trotz seines schmächtigen Körperbaus war er groß, und er besaß eine imposante Ausstrahlung – wenn Osama den Raum betrat, spürte man das. Ansonsten unterschied er sich nicht sonderlich von den anderen Brüdern – er war nur jünger und zurückhaltender.

Ich spielte an dem Nachmittag gerade mit Waffa in der Diele, und als es an der Tür klingelte, machte ich dummerweise selbst auf, statt den Hausboy zu rufen.

Vor mir standen Osama und Aischas Sohn Mafuz. Ich lächelte sie an und bat sie herein. »Jeslam ist zu Hause«, sagte ich. Doch Osama drehte sich blitzschnell weg und schaute zum Tor. »Nicht doch«, sagte ich. »Kommt schon rein.« Osama machte hektische Bewegungen mit der geballten Hand, offenbar um mich wegzuscheuchen, und murmelte irgendwas auf Arabisch, aber ich war mir wirklich nicht sicher, was er meinte. Mafuz sah, dass es mir offenbar an den Grundlagen der gesellschaftlichen Etikette fehlte, und erklärte mir schließlich, dass Osama nicht mein nacktes Gesicht sehen durfte.

Also zog ich mich in eines der hinteren Zimmer zurück, während mein bewundernswert frommer Schwager meinen Mann besuchte. Ich kam mir dumm und linkisch vor, wie von einem anderen Stern.

Jahre später las ich zu meinem Erstaunen in der westlichen Presse, dass Osama als Teenager in Beirut ein richtiger Playboy gewesen sei. Ich denke, wenn das wahr wäre, hätte ich davon gehört. Ein anderer Schwager, Mahrus, hatte tatsächlich diesen Ruf: Während seines Studiums im Libanon war er ein echter Schürzenjäger, wurde aber später solide und lebte dann ein streng religiöses Leben. Über Osama kamen mir solche Geschichten jedoch nie zu Ohren. Und auf den inzwischen bekannten Fotos, die eine Schar Bin-Ladin-Brüder als Teenager in Schweden zeigen, ist Osama auch nicht zu sehen. Ich glaube, zu jener Zeit war er noch in Syrien. Der Junge, der von den Medien als

Osama identifiziert wurde, ist in Wahrheit Salah, ein anderer Bruder.

Soweit ich weiß, war Osama immer ein frommer Mensch, wofür er in seiner Familie bewundert wurde. Nicht ein einziges Mal hörte ich eine Bemerkung, sein religiöser Eifer sei vielleicht etwas überzogen oder würde sich irgendwann wieder legen.

Die Bin Ladins waren alle fromm, wenn auch in unterschiedlichem Maße. Männer wie Osama und Mahrus gehörten eher zu den Fanatikern. Bakr war gottesfürchtig, aber nicht dogmatisch. Wie viele junge Saudis gingen Jeslam, Salem und Hassan, ein weiterer älterer Bruder, eher locker mit dem Islam um, wenngleich ihr Glaube sie mit zunehmendem Alter irgendwie einzuholen schien.

Die Bin-Ladin-Männer konnten selbst entscheiden, wie sie es mit der Religionsausübung hielten: Das war ihr Recht. Für die Frauen traf das nicht zu. Sämtliche Frauen in der Familie Bin Ladin waren wohlanständig, und in Saudi-Arabien war das gleichbedeutend mit fromm. Hassan war mit einer Libanesin namens Leila verheiratet, eine ehemalige Stewardess, die als sehr schwatzhaft galt. Ihre flatterhafte und unbekümmerte Art stieß auf allgemeines Missfallen. Leila benahm sich einfach nicht so, wie es von der Frau eines Bin Ladin erwartet wurde.

Ich gab mir Mühe. Ich konnte den Gedanken nicht abschütteln, wie enttäuscht Om Jeslam darüber gewesen sein musste, dass ihr Sohn eine Ausländerin geheiratet hatte. Ich bemühte mich, mein ungestümes Temperament zu zügeln. Ich bemühte mich, beten zu lernen: die rituelle Waschung, mich vollständig in ein leichtes Tuch einzuwickeln, das Ballett des Hinkniens, des Verbeugens und Aufstehens, alles in Richtung Mekka, dem heiligsten Ort des Islam. Aber ich brachte es einfach nicht fertig, fünfmal am Tag zu beten, wie es die meisten anderen Bin-Ladin-Frauen taten.

Die Bin Ladins waren wie alle Saudis furchtbar stolz auf den Wallfahrtsort Mekka. Den Menschen Saudi-Arabiens wird schon von Kindesbeinen an vermittelt, wie groß die Ehre und die Verantwortung ist, Mekka zu bewahren, wo der Prophet Mohammed seine Offenbarungen empfing. Und die saudische Form des Islam ist die strengste – sie würden sagen, die reinste – Form, die diese Religion haben kann. Im 18. Jahrhundert empörte sich ein Wanderprediger namens Scheich Mohammed ibn Abd al-Wahhab – eine Art muslimischer, puritanischer Erweckungsprediger – darüber, dass die Gläubigen den Islam mit ihrer Verehrung heiliger Steine und Bäume und der Anbetung von Heiligengrabstätten vermischten. Abd al-Asis ibn Saud ließ sich 1932, als er noch ein *Warlord* in der Wüste war, durch Scheich Wahhab dazu inspirieren, das Gebiet des heutigen Saudi-Arabiens zu erobern und zu einem Reich zu vereinigen.

So kam es, dass Saudi-Arabien als einziges Land auf der Welt nach seinen Königen, den al-Sauds, benannt ist. Sie gründeten Saudi-Arabien – mit Hilfe der Briten – unter Einsatz des Schwertes wie auch des Wortes. Ihre Macht über ein so großes Land aus einzelnen Beduinenstämmen festigten sie, indem sie die uneingeschränkte Einhaltung der gestrengen Koranauslegungen von Scheich Wahhab erzwangen, um so die Heiligkeit Mekkas zu bewahren.

Mohammed Bin Ladin war so fromm und so beliebt beim König, dass seinem Bauunternehmen das ausschließliche Recht gewährt wurde, in Mekka und Medina, der zweitheiligsten Stadt des Islam, Restaurierungsarbeiten vorzunehmen. Die Ehre, die dadurch auf seine Familie abstrahlte, ist kaum in Worte zu fassen. Kein Wunder, dass seine Ehefrauen so religiös waren – obwohl es für mich manchmal schwer auszuhalten war.

Das erste Mal besuchte ich Mekka zusammen mit einem weiblichen Gast aus der kuwaitischen Herrscherfamilie al-Sahab. Wir fuhren an riesigen Schildern vorbei, die alle Nicht-Muslime dringend aufforderten, umzukehren. Dann gelangten wir an einen Kontrollpunkt: Saudische Polizisten hindern Nicht-Muslime rabiat daran, die heiligen Stätten von Mekka zu entweihen. Ich wurde nervös. Meine Mutter war zwar Muslimin, aber gemessen an der Frömmigkeit der Bin Ladins war ihre Ausübung des Islam durchaus fragwürdig. Und mein Vater war Christ – was ich nie verhehlte. Allerdings immer mit dem Gefühl, es wäre besser, wenn ich es täte. Ich hatte beten gelernt, ja, aber wie eine richtige Muslimin fühlte ich mich nicht. Dennoch, Abdu brachte uns munter durch die Kontrolle – »Bin Ladin«, mehr sagte er nicht zu dem Polizisten, und natürlich reichte das völlig. Wir kamen in Mekka an, als der Ruf zum Gebet erscholl, und ich machte mich nervös an das Gebetsritual.

Sofort brüllte mich ein Beamter von der gefürchteten Religionspolizei, der Mutawa, an, und ich geriet in

Panik. Hatte ich bei dem Ritual einen schlimmen Fehler begangen – etwas, was meine mangelnde Erfahrung verriet? Würde ich als Schwindlerin aus Mekka verwiesen? Aber Abdu erklärte mir, dass ich mich im Männerbereich befand. Ich war gar nicht auf die Idee gekommen, dass auch hier die Geschlechtertrennung gelten könnte. Alles nicht so einfach, dachte ich und versuchte, durch ruhiges Atmen meiner plötzlichen Furcht Herr zu werden.

Wir gingen ein Stück weiter zu dem Teil des riesigen Hofes, der für Frauen reserviert ist. Wir beteten. Wir absolvierten die sieben rituellen Umgänge und tranken von der Quelle Zamzam, wohin Hagar, die zweite Frau Abrahams, vor dreitausend Jahren von Gott geleitet wurde, um ihren kleinen Sohn Ismael, den Ahnherrn der Araber, vor dem Verdursten zu retten. Wir berührten die Kaaba und den schwarzen Stein, den Gott Abraham gab und den abermillionen Hände vor uns berührt hatten. Wir sahen die verriegelte Tür zu dem geschlossenen Raum, der den heiligen Ort innerhalb des heiligen Ortes darstellt – ein Raum, wo Jeslam und andere Bin-Ladin-Männer hatten beten dürfen.

Im Grunde war ich immer der Meinung, dass es keine Rolle spielt, wie man zu Gott betet oder welche Texte man liest – die Bibel, den Koran, die Thora. Aber an diesem gigantischen heiligen Ort religiöser Überlieferung, dem sich tagtäglich eine Milliarde Muslime im Gebet zuwenden, spürte selbst ich eine spirituelle Energie.

In Gedanken versunken kehrte ich nach Hause zurück. Jeslam begrüßte mich überschwänglich. Ich hatte zwar nicht die heilige Hadsch absolviert, wie sie für jeden Muslim einmal im Leben vorgeschrieben ist, aber immerhin die Omra, die kürzere Wallfahrt, die man machen kann, wenn die Stadt nicht wie zur offiziellen Hadsch-Zeit von Millionen Pilgern überschwemmt wird. »Ich habe allen erzählt, dass du die Omra machst!«, rief er. Er war so stolz auf mich, und als ich ihm von dem Zusammenstoß mit der Mutawa erzählte, musste er lachen.

Wir gingen nun ab und zu aus, trafen uns mit anderen Ehepaaren. Zum Teil handelte es sich dabei um ausländische Bankiers oder Industrielle, die während des gewaltigen Wirtschaftsaufschwungs in Scharen nach Saudi-Arabien gekommen waren, gelegentlich aber auch um modern eingestellte Saudis, die den Anblick einer unverschleierten Frau verkrafteten – und, was noch schockierender war, mit ihr am selben Tisch speisten. Diese Augenblicke der Normalität waren für mich eine Wohltat – obwohl ich fast jedes Mal feststellen musste, dass es keine rein saudischen Haushalte waren: Die Ehefrauen kamen ausnahmslos aus einem anderen Land, aus Syrien, Ägypten oder dem Libanon.

Als wir nach einem dieser Abende zum Auto gingen, um nach Hause zu fahren, bedeutete Jeslam mir, vorn einzusteigen. Und dann sagte er, ich könne den Schleier vom Gesicht nehmen, wenn ich wolle. Ich saß da, zum ersten Mal außerhalb des Hauses unverschleiert, und konnte die Straßenlaternen deutlich sehen.

Es kam mir vor wie ein weiterer Meilenstein. Vor Monaten noch hatte ich draußen einen Doppelschleier vor den Augen und dem ganzen Gesicht tragen und hinten im Wagen sitzen müssen und niemand hatte mit mir in der Öffentlichkeit geredet. Jetzt durfte ich zusammen mit einem Mann, der nicht zur Familie Bin Ladin gehörte, am selben Tisch essen. Ich saß neben meinem Mann vorn im Auto und ich konnte die Straßenlaternen sehen, ohne dass das Licht durch einen Schleier getrübt wurde. Ich musste diese kleinen Siege zählen. Ich klammerte mich an derlei zarte Anzeichen für Veränderung. Ich hatte das Gefühl, dass sie mich weitertrugen.

Heute weiß ich, dass die Gitterstäbe meines Käfigs sich nur ein ganz klein wenig weiteten. Doch damals war mir, als öffnete sich für mich die Tür zu Freiheit und Selbständigkeit einen Spaltbreit.

Manchmal schien jeder Fortschritt noch Ewigkeiten entfernt, und ich wurde von Verzweiflung übermannt. Und doch blieb ich. Mir war klar, dass ich in gewisser Weise privilegiert war. Ich erlebte einen einmaligen Augenblick in der Entwicklung des Landes. Saudi-Arabien ließ das Mittelalter rasend schnell hinter sich und machte in materieller Hinsicht gewaltige Sprünge nach vorn. Naiv, wie ich war, glaubte ich, dass der wirtschaftliche Wandel auch gesellschaftliche Veränderungen nach sich ziehen würde, die dann die Stellung der saudischen Frauen ganz neu bestimmen würden. Ich dachte, ich könnte an diesem historischen Augenblick teilhaben. Ich war zur richtigen Zeit am richtigen Ort. Die Aussicht, bei den enormen sozialen Umwälzungen mitzuwirken, die, so glaubte ich fest, bald einsetzen würden, diese Aussicht begeisterte mich.

Und doch, für die Frauen in der Familie Bin Ladin schien sich nichts zu ändern. Sie lebten ein so beschränktes Leben – bescheiden und unscheinbar –, dass es mir Angst machte. Nie verließen sie allein das Haus. Nie unternahmen sie etwas. Ihr einziges Lebensziel bestand offenbar darin, die strengen Regeln des Islam noch besser zu befolgen. Selbst wenn ich es versucht hätte, ich hätte so nicht leben können, und ich strebte es auch ganz sicher nicht an.

Die Bin-Ladin-Frauen kamen mir vor wie die Haustiere ihrer Männer. Sie wurden zu Hause eingesperrt, und ab und zu ging man mit ihnen spazieren. Den lieben langen Tag – manchmal auch die liebe lange Nacht – warteten sie auf ihre Männer, und wenn die Göttergatten endlich nach Hause kamen, spielten sie ihnen die fröhliche, herzliche Gefährtin vor. Hin und wieder wurde ihnen der Kopf getätschelt oder sie bekamen ein Geschenk, und manchmal ging der Mann sogar mit ihnen aus, meistens zum Tee ins Haus eines anderen Bin Ladin.

Die Vorbereitung dieser gegenseitigen Teebesuche waren die einzige Beschäftigung der Frauen; das und das aufwendige Pflegen und Herausputzen ihrer feinen Garderobe im Vorfeld. Jeder Teebesuch lief gleich ab. Wir saßen steif auf unbequemen Stühlen. Es wurde weder unverfänglich geplaudert noch ernsthaft diskutiert, es wurde viel geschwiegen zu Tee und Kaffee aus kleinen Tassen mit allerlei Sorten Gebäck. Wenn gesprochen wurde, dann nur über die Kinder – die mittlerweile fast ausschließlich mit ausländischen Kindermädchen zusammen waren – und über den Koran. Manchmal war auch Kleidung das Thema.

Ich hatte den Eindruck, dass keine der Frauen jemals las, außer vielleicht mal die eine oder andere Koranauslegung. Von meinen Schwägerinnen sah ich jedenfalls nicht eine je mit einem Buch in der Hand. Diese Frauen kamen nie mit anderen Männern außer ihrem Ehemann zusammen, und sie sprachen mit den Männern, die sie geheiratet hatten, auch nicht einmal über wichtige Themen. Sie hatten nichts zu sagen. Wir sprachen über die Gesundheit unserer Männer und Kinder, und sie bemühten sich hartnäckig und recht freundlich, aus mir eine gute Muslimin zu machen. Im Laufe der Zeit war es sogar manchmal eine willkommene Abwechslung, mich mit ihnen zu treffen, doch meistens langweilten sie mich zu Tode.

Jeslam behandelte mich nicht so wie seine Brüder ihre Frauen. Andernfalls hätte ich es auch wirklich nicht lange in Saudi-Arabien ausgehalten. Doch damals war Jeslam ganz anders als andere saudische Männer. Er ging mit mir um, wie ein europäischer oder amerikanischer Mann mit seiner Frau umgeht – mehr oder weniger auf einer Ebene. Jeslam ließ mich an seinem Leben und seinen Gedanken teilhaben. Er schätzte meinen Verstand und suchte meinen Rat. Wir sprachen immer über alles. Er wollte, dass ich seine Partnerin war, ein vollständiges Mitglied eines Zweier-Teams.

Es wurde eine Art Ritual – wir unterhielten uns, während er unter der Dusche stand, nachdem er um zwei oder drei Uhr von der Arbeit nach Hause gekommen war. Wir sprachen darüber, wie sein Tag gewesen war, was ich gelesen hatte, über die neuesten Nachrichten – irgendwie fanden wir nie ein Ende. Viele Nachmittage und Abende verbrachten wir so in angeregten Diskussionen. Häufig ging es um Politik. Tag für Tag vertraute Jeslam mir seinen Ärger in der Firma an – er plante Veränderungen und sorgte sich um die Zukunft des Familienunternehmens, denn seine nach außen hin so stillen Brüder gerieten häufig in Kompetenzgerangel und böse Wortgefechte.

Jeslam hatte ein merkwürdiges Verhältnis zu seinen Brüdern. Einerseits waren sie seine einzigen Gefährten – Freunde hatte er eigentlich keine. Seine Angehörigen waren die einzigen Menschen, die in Jeslams Leben zählten. Ein saudisches Sprichwort lautet: »Ich und mein Vetter gegen den Fremden; ich und mein Bruder gegen meinen Vetter.« Unter Nomaden – und die saudische Kultur geht auf Wüstennomaden zurück – ist der Clan die einzige Einheit, die sinnvoll ist. Daher hatte Jeslam größeres Vertrauen zu seinen Brüdern, als die meisten Menschen in westlichen Ländern zu ihren Familienangehörigen haben. Er wusste, dass er sich bis zu einem gewissen Grad auf sie verlassen konnte. Aber mir konnte er die Probleme mit seinem Clan anvertrauen – die kleinlichen Zankereien unter seinen Brüdern und ihre versteckten Machtkämpfe.

Manchmal schaute ich Jeslam an, wenn wir abends Karten oder Backgammon spielten oder Musik hörten, und es verschlug mir den Atem. Er war einfach so schön mit den feinen Gesichtszügen und den sanften Augen. Und er brauchte mich. Ich wusste, dass er mich liebte.

Für ihn war ich seine Kraft – seine rechte Hand – eine absolut loyale Partnerin, die sich selbst hintanstellte, förmlich unsichtbar wurde, damit er vorankam.

Ich glaube, in dieser Hinsicht war Jeslam eine Ausnahme in Saudi-Arabien. Demut und Unterwürfigkeit der Frau sind tief in dieser Kultur verankert. Vergnügen, Behaglichkeit, Gleichberechtigung – so vieles, was für mich selbstverständlich gewesen war, war hier völlig fremd. Das Leben hier gestaltete sich anders als in Persien oder in anderen arabischen Ländern. Die saudische Gesellschaft ist noch fest mit den alten Lebensformen der Beduinen verwachsen, die als Nomaden in einer riesigen Wüste von den reichen Kulturen um sie herum abgeschottet waren. Saudi-Arabien ist ein hartes, unversöhnliches Land. Für viele Saudis, so scheint es mitunter, ist jede Art von Vergnügen eine Sünde.

Ich war damals sehr jung, und ich glaubte, das alles würde sich ändern. Ich lebte für Jeslam und Waffa, und ich lebte für die Zukunft. Ich dachte, wir könnten mit Jeslams Intelligenz und dem Einfluss seiner Familie die Veränderungen beschleunigen. Ich klammerte mich an jedes Anzeichen dafür, dass Saudi-Arabien einen Schritt auf die moderne Welt zu machte: ein unverschleiertes Gesicht auf der Straße, eine Bank für Frauen, wo Frauen ein eigenes Konto eröffnen durften, ein englischsprachiger Fernsehsender oder eine neue Buchhandlung.

Fast immer wurde ich enttäuscht. Der englischsprachige Fernsehsender wurde gnadenlos zensiert. Abgesehen von Berichten über den letzten Auslandsbesuch des Königs lief nicht viel anderes als Zeichentrickfilme und die Serie *Columbo* – alles schön keusch und frei von Politik. Der Buchhandel verkaufte so gut wie keine Bücher: Die saudischen Zollbeamten ließen keine Liebesromane oder Bücher über das Judentum, ja, praktisch jede Religion, über die Nahostpolitik oder Israel ins Land. Es war demoralisierend, aber dennoch hielt ich an meiner Hoffnung fest, dass es nur eine Frage der Zeit sei, bis sich etwas änderte.

Niemand hätte es damals für möglich gehalten, dass Saudi-Arabien in den Jahren danach sogar noch fanatischer, noch reaktionärer und repressiver werden würde. Doch Länder machen gewisse Phasen durch, genau wie Menschen. Viele saudische Männer durchlaufen einen Kreislauf: In jungen Jahren sind sie unbekümmert – sie gönnen sich, was die westliche Kultur an Angenehmem und Unterhaltsamem zu bieten hat –, doch dann heiraten sie. Das von ihnen verinnerlichte, nicht hinterfragte und starre Wertesystem bleibt unterschwellig stets vorhanden und tritt wieder an die Oberfläche, wenn sie älter werden.

In den Jahren, während ich bei den Bin Ladins lebte, ist genau das passiert, mit dieser Familie und mit Saudi-Arabien als Land. Und diese Entwicklung hält weiter an.

Unterdessen schloss ich erste richtige Freundschaften, und das half mir. Salems jüngerer Bruder Bakr war in das frühere Haus von Salem gezogen, direkt gegenüber von uns. Bakr selbst war ziemlich distanziert – höflich und freundlich, aber stets darauf bedacht, sich gemäß seiner hohen Stellung innerhalb der Familie zu verhalten. Ich wusste, dass Jeslam ihn nicht besonders mochte. Aber Bakrs Frau Haifa war ein reizender, temperamentvoller Mensch, eine blonde, blauäugige Syrerin, die damals zwei Söhne hatte.

Haifa und ich hatten den gleichen Humor, und Waffa und ihre Kinder waren altersmäßig nicht zu weit auseinander. Sie und Bakr hatten eine Zeitlang in Miami gelebt. Sie sprach Englisch und konnte gut nachvollziehen, dass ich mich eingesperrt fühlte. Aber sie war schon einige Jahre länger als ich in Saudi-Arabien, und aufgrund ihres arabischen Hintergrundes konnte sie sich erheblich besser in die Familie Bin Ladin einfügen als ich.

Haifa war anders als ich, aber sie war eine Art Verbündete – mein arabisches Pendant. Sie war aufgeschlossen und lebhaft und freundlich, und dafür war ich dankbar. Haifa hatte auch das Talent, andere täuschend echt nachzuahmen. Wenn sie den Watschelgang einer ihrer Schwiegermütter oder mich nachahmte, wie ich mich mit Pumps und Handtasche unter einer halb verrutschten Abaja bewegte, war das einfach zum Schreien komisch.

Ich glaube, dass auch ich Haifa gut tat. Da sie als Syrerin ein freieres Klima gewohnt war, machte ihr die strenge Monotonie Saudi-Arabiens ähnlich zu schaffen wie mir. Wenn wir uns im Schutz von Haifas Garten am Swimmingpool sonnten, mussten wir oft schallend lachen bei dem Gedanken, dass unsere Schwiegermütter uns für rettungslos verdorben halten würden, wenn sie uns in unseren Badeanzügen sähen. Wir planschten zusammen mit unseren Kindern im Pool. Und mehr noch als Jeslam brachte Haifa mir bei, welche Verhaltensregeln ich unbedingt befolgen sollte und welche Hochzeiten und Beerdigungen und sonstigen Ereignisse für mich als Frau eines Bin Ladin ein Muss waren.

Als ich das erste Mal allein die wenigen Schritte zu Fuß zu ihrem Haus auf der anderen Straßenseite ging, statt mich mit dem Auto hinbringen zu lassen, begrüßte mich Haifa mit einem Grinsen. »Carmen!«, rief sie. »Das ist die Revolution! Morgen werden sich alle Bin Ladins das Maul zerreißen und sagen: ›Wir haben Carmen *auf der Straße* gesehen!‹«

Haifa liebte ihren Mann. Ihre Heirat war nicht ganz arrangiert: Sie hatten sich in Syrien kennen gelernt, und sie empfanden eine tiefe Zuneigung füreinander – was ich bei Bin-Ladin-Paaren nur selten erlebte. 1978 brachte Haifa ihr drittes Kind zur Welt, ein Mädchen. Als ich tags darauf bei ihr im Krankenhaus war, um ihr zu gratulieren, kam auch Bakr mit den beiden Söhnen herein. Er sagte zu ihnen: »Küsst eurer Mutter die Hand. Sie hat euch ein Schwesterchen geschenkt.« Es war förmlich, aber es war lieb. Es zeugte von Respekt, dachte ich. Es war eine von echter Liebe getragene Ehe – was bei den wenigsten Ehepaaren, die ich in Saudi-Arabien traf, der Fall war.

Ich wurde zum zweiten Mal schwanger. Ich war überglücklich, und ich hatte den Eindruck, dass es Jeslam genauso erging. Ein Geschwisterchen für Waffa – und diesmal würde es bestimmt ein Junge werden. Der ganze Bin-Ladin-Clan reagierte erfreut auf unsere Neuigkeit; alle riefen mir zur Begrüßung zu: »Inschallah, du bekommst einen Jungen!« Das Baby sollte im Juli 1977 zur Welt kommen, und zwei Monate vor dem Geburtstermin flog ich nach Genf, um mein Kind dort zur Welt zu bringen.

Den Bin Ladins standen zwar auch die für die Königsfamilie reservierten Suiten in den besten Krankenhäusern Saudi-Arabiens zur Verfügung, aber so richtig traute ich den saudischen Ärzten nicht. Die meisten wurden in Syrien und Ägypten ausgebildet, und sie hatten den Ruf, schnell mit Pillen und Spritzen bei der Hand zu sein. Die anderen Bin-Ladin-Frauen kamen für gewöhnlich in Dschidda nieder, doch für besondere Untersuchungen reisten sie gern ins Ausland, nach Europa oder in die USA. Unsere Auslandsreisen waren meist auch mit Arztbesuchen verbunden.

In den letzten Wochen der Schwangerschaft kümmerten sich meine Mutter und meine Schwestern um mich. Ich ruhte mich in der milden Frühlingssonne aus und schaute zu, wie Waffa im Garten meiner Mutter spielte – genau wie ich vor vielen, vielen Jahren. Ich spürte, dass Waffa sich bei meiner Mutter wohl fühlte, und Jeslam kam uns häufig besuchen. Es war eine friedliche Zeit, auf die ich in den schweren Jahren, die ich später durchlebte, oft mit Sehnsucht zurückblicken sollte.

Der Wunsch, einen Jungen zu gebären, war nicht nur eine Laune, die mich in jenen letzten Schwangerschaftswochen beschäftigte. Für saudische Frauen ist es lebenswichtig, männliche Erben zu produzieren. Dabei geht es nicht nur um den persönlichen Status in der Gesellschaft (für viele Frauen ist das allerdings schon ein wichtiger Aspekt – Om Ali genannt zu werden klingt sehr viel besser als bloß Om Sarah). Es kann auch eine Frage des blanken Überlebens sein.

Wenn ein Ehemann stirbt, der ausschließlich Töchter hatte, sind seine Frau und die Kinder – auch wenn sie erwachsen sind – fortan auf Gedeih und Verderb dem engsten männlichen Verwandten des Verstorbenen ausgeliefert. Er ist ihr Vormund und muss sogar die persönlichsten Entscheidungen, wie Reisen, Ausbildung und die Wahl des Ehemannes absegnen. Auch was das Erbe betrifft, wird eine Familie, die nur aus Frauen besteht, diskriminiert. Fünfzig Prozent des Erbes eines verstorbenen Ehemannes, ohne männlichen Nachkommen gehen an seine Eltern und Geschwister, seine Frau und die Töchter erhalten zusammen lediglich die andere Hälfte.

Sind jedoch Söhne da, geht der gesamte Besitz an die Ehefrau und ihre Kinder. Und sobald der älteste Sohn volljährig ist, kann er als Vormund für seine Mutter und Schwestern fungieren.

Inschallah – wenn Allah will –, würde ich einen Sohn bekommen.

Endlich setzten meine Wehen ein, etwas zu früh. Bevor ich in die Klinik fuhr, rief ich Jeslam an, der noch in Saudi-Arabien war. »Kannst du nicht bis morgen warten, wenn ich ankomme?«, fragte er ziemlich quengelig. Ich musste lachen – er war es einfach gewohnt, dass alles nach seiner Nase ging. Dachte er ernsthaft, ich könnte die Geburt eines Kindes nach seinem Zeitplan ausrichten?

Das Baby war ein wunderschönes Mädchen. Ich liebte sie von der ersten Sekunde an. Wir nannten sie

Nadscha, ein Name, der mir immer gefallen hatte. Er bedeutet das Gleiche wie Jeslam – »beschützt«.

Nadscha war die reinste Wonne. Sie war das problemloseste Baby, das eine Mutter sich nur wünschen konnte. Sie bereicherte mein Leben ungeheuer. Sie war so süß und zart. Aber jetzt, da ich wusste, was sie als Mädchen in Saudi-Arabien erwartete, hätte ich mir – um ihretwillen – gewünscht, sie wäre ein Junge geworden.

Wenn ich meine Kinder anschaute, fragte ich mich manchmal: Wäre Jeslam Europäer, wären zwei Mädchen dann überhaupt so ein Problem gewesen? Jeslam spürte, was mich quälte, und versuchte, mich zu beruhigen. Er sagte, es spiele für ihn keine Rolle, aber eine innere Stimme sagte mir etwas anderes. Und ich hatte das Gefühl, dass ich ihn enttäuscht hatte.

Schließlich wusste ich inzwischen, wie wichtig es in Saudi-Arabien war, dass ich auch einen Sohn bekam. Wenn ich einen Sohn bekommen hätte, hätte er von mir gelernt, dass Frauen die gleichen Rechte haben wie Männer. Er hätte seine Schwestern beschützt, wenn Jeslam irgendetwas zugestoßen wäre. Mit einem Jungen hätten wir, auch ohne Jeslams Hilfe, im Haus einen Verteidiger von Werten gehabt, die mir wichtig waren.

Zum damaligen Zeitpunkt konnte ich das natürlich noch nicht wissen, aber in gewisser Weise war es Nadscha, die uns Jahre später alle rettete. Wenn ich einen Sohn bekommen hätte, wäre ich womöglich in Saudi-Arabien geblieben. Wir waren wohlhabend und angesehen. Wir führten dort ein sorgenfreies Leben. Aber da ich mich um zwei kleine Mädchen kümmern musste, wurde ich in den folgenden Jahren immer sensibler dafür, was für eine düstere, bedrückende Dressur saudische Mädchen auf dem Weg zur Frau ertragen mussten. Aufgrund meiner Verantwortung für Nadscha und Waffa blieb mir letztlich keine andere Wahl, als das Land zu verlassen. Ich konnte einfach nicht tatenlos zusehen, wie meine geliebten Töchter sich der saudischen Kultur unterwerfen mussten.

Nadscha schickte also der Himmel. Sie war nicht nur bezaubernd, sondern sie gab mir auch die Kraft, die ich brauchen würde, um uns alle aus Saudi-Arabien zu befreien.

9

Zwei Mütter, zwei Babys

Im August kehrten wir nach Saudi-Arabien zurück. Es war sengend heiß, und eine Gruppe Bin-Ladin-Brüder plante einen Tagesausflug zum Haus der Familie in den Bergen bei Taif, gut zwei Autostunden von Dschidda entfernt. Es war ein geräumiges Haus, in den 1950er oder 1960er Jahren erbaut, ohne irgendeinen besonderen Charme, aber dort oben war es etwas kühler. Ich war froh über die Abwechslung. Sobald wir angekommen waren, machten wir Frauen es uns mit den Kindern in den für uns vorgesehenen Räumen bequem.

Meine kleine Nadscha war ein paar Monate alt, und Osamas Frau Nadschwa – Syrerin und die Tochter eines Bruders von Osamas Mutter – hatte ein fast gleichaltriges Baby, das Abdallah hieß. Osamas Baby fing an zu schreien und ließ sich nicht mehr beruhigen. Der Kleine hatte Durst. Nadschwa versuchte immer wieder, ihm mit einem Teelöffel Wasser einzuflößen, aber das Baby war natürlich noch zu klein, um von einem Löffel zu trinken. Meine Nadscha trank ständig Wasser aus ihrem Fläschchen, das ich schließlich Nadschwa anbot.

»Hier, er hat Durst«, sagte ich zu ihr. Aber Nadschwa wollte das Fläschchen nicht annehmen. Sie war selbst schon den Tränen nahe. »Er will kein Wasser«, sagte sie dauernd. »Er nimmt den Löffel nicht.«

Om Jeslam musste mir erklären, dass Osama nicht

wollte, dass der Kleine das Fläschchen bekam. Dagegen könne Nadschwa nun mal nichts ausrichten. Sie war todtraurig und machtlos – eine unglückliche, kleine Frau, die ihr Baby auf dem Arm wiegte und tatenlos zusehen musste, wie es litt. Ich fand es unerträglich.

Draußen herrschte eine unerträgliche Hitze, fast vierzig Grad. Bei solchen Temperaturen kann ein Baby binnen weniger Stunden dehydrieren. Ich war fassungslos, dass der Vater seinen kleinen Sohn leiden ließ, nur weil er aus lächerlichen dogmatischen Gründen etwas gegen den Gummisauger hatte. Ich musste etwas unternehmen.

Ich wollte Jeslam einschalten. Ich selbst konnte nicht zu ihm gehen, um ihn um Hilfe zu bitten, da eine Schwägerin nicht unverschleiert in den Männertrakt durfte. Doch eine Schwester, die unverschleiert mit ihren Brüdern aufgewachsen war, durfte hinein. Ich bat eine von den Schwestern, Jeslam zu holen.

Sobald Jeslam da war, schimpfte ich los. »Sag deinem Bruder, dass sein Kind leidet«, wetterte ich. »Der Kleine braucht das Fläschchen. Dringend.«

Doch als Jeslam zurückkam, schüttelte er den Kopf. Er sagte: »Es hat keinen Zweck. So ist Osama nun mal.«

Ich konnte es nicht glauben. Auf der Fahrt nach Hause ging mir die Sache nicht mehr aus dem Kopf. Osama konnte mit seiner Frau und seinem Kind machen, was er wollte: Das war eine Tatsache. Seine Frau wagte nicht, ihm den Gehorsam zu verweigern: Auch das war eine Tatsache. Zu allem Übel traute sich auch niemand, sich einzumischen. Sogar Jeslam war anscheinend der Ansicht, dass Osama zu Recht in seiner Familie das uneingeschränkte Sagen hatte. Die Stärke und Führungskraft, die ich von Jeslam kannte und immer bewundert hatte, lösten sich in der heißen arabischen Luft in nichts auf.

Während Jeslam die Berge hinunter Richtung Dschidda fuhr, saß ich verschleiert und mit geballten Fäusten im Wagen und starrte schweigend auf die leere Welt da draußen. Ich hatte das Gefühl zu ersticken.

Ich bin sicher, dass Osama sein Baby nicht verlieren wollte. Ohne Frage liebte er seinen Sohn. Aber für ihn war der schreckliche Durst des Kleinen weniger wichtig als ein Prinzip, das womöglich aus irgendeiner Koransure aus dem siebten Jahrhundert stammte. Und seine Familie war aus lauter Ehrfurcht vor seinem religiösen Wahn so eingeschüchtert, dass sie schwieg. Für die Bin Ladins, wie für die meisten Saudis, konnte man seine Religion nicht fanatisch genug betreiben.

In diesem Augenblick begriff ich, wie machtlos ich selbst geworden war. Ich sah mich an der Stelle von Osamas Frau. Seit der Geburt meiner Nadscha stellte ich mir immer wieder eine entscheidende Frage: Was würde aus mir und meinen zwei kleinen Töchtern werden, wenn Jeslam nicht mehr da wäre? Jede Frau in Saudi-Arabien hat einen männlichen Vormund, ohne dessen Billigung sie praktisch handlungsunfähig ist. Wenn Jeslam nicht mehr da wäre und ich keinen Sohn hätte, der seine Rolle übernimmt, würde einer von Jeslams Brüdern mein Vormund werden – und der Vormund meiner Töchter. Ich wäre diesem Mann restlos ausgeliefert.

Ohne einen Sohn bräuchte ich die Zustimmung

eines Schwagers, um das Land, oder auch nur Dschidda, verlassen zu können. Waffa und Nadscha dürften vielleicht keine Schule besuchen oder würden mit einem Mann verheiratet werden, den ihr Vormund für sie aussuchen würde, ohne mich um Rat fragen zu müssen. Es wäre also möglich, dass Männer wie Osama eines Tages über mich und meine Kinder bestimmten. Und mir wären die Hände gebunden.

Auf der langen Rückfahrt musste ich auch an die Mütter denken, die ich kannte, die gezwungen waren, ohne ihre Kinder zu leben. Es war eine ganze Reihe von Frauen, die keinerlei Kontrolle über ihr eigenes Leben mehr hatten – und niemanden, an den sie sich wenden konnten. Da war zum Beispiel Taiba, eine Schwester von Jeslam und eine tragische Gestalt. Ihr Mann hatte sich von ihr scheiden lassen und die beiden kleinen Töchter behalten – sie waren vier und sieben Jahre alt, als ich Taiba kennen lernte. Taiba durfte sie freitagnachmittags sehen. Om Jeslam sagte, die Kinder würden jedes Mal bitterlich weinen, wenn Taiba wieder gehen musste. Taiba war eine traurige, zermürbte Frau – irgendwie alt und verbraucht, obwohl sie bestimmt noch keine dreißig war.

Ein anderes Beispiel war Ula Sebag, eine liebe Freundin von mir, die mit einem Amerikaner palästinensischer Abstammung verheiratet war, der in der US-Botschaft arbeitete. Ula, die Schwedin war, war davor mit einem Saudi verheiratet gewesen, von dem sie geschieden war. Sie hatte damals vorgehabt, ihren zwei Jahre alten Sohn zu behalten: Obwohl die Kinder automatisch dem Mann zufallen, wenn er sich von seiner Frau trennt, kommt es nicht selten vor, dass er ein kleines Kind bei der Mutter lässt. Doch als Ula an einem Nachmittag in Beirut beim Schneider war und die Hand ihres Sohnes losließ, war er wenige Minuten später verschwunden – von seinem saudischen Vater gekidnappt. Ula sah ihn nie wieder, sosehr sie auch um einen einzigen Besuch bettelte.

Nadscha, eine weitere Schwester von Jeslam, heiratete kurz vor meiner Ankunft in Saudi-Arabien. Nachdem ihr Mann sich hatte scheiden lassen, sah sie ihre vier Kinder nie wieder. Wenn ich sie fassungslos fragte: »Wieso unternehmen deine Brüder nichts dagegen?«, lächelte sie mich bloß an und sagte: »Ach, Carmen«, als wäre ich besonders schwer von Begriff. Niemand durfte ein böses Wort über die Brüder sagen. Und die Autorität des Ehemannes durfte nicht in Frage gestellt werden.

Es nagte an mir. In mir spürte ich eine schwere Last. Was, wenn Jeslam auf der Heimfahrt verunglückte? Was, wenn er nicht mehr da wäre, um meine kleinen, inzwischen bitter schmeckenden Freiheiten zu beschützen? Was für ein Schicksal erwartete dann meine Töchter als saudische Frauen? Wer würde über ihr Leben bestimmen? Wäre es Salem? Bakr? Ibrahim? Und wer konnte sagen, was aus diesen Männern werden würde, je älter und mächtiger sie wurden? Aus mir würde so etwas wie eine Bettlerin, ich wäre ihren Launen hilflos ausgesetzt, während sie jeden noch so kleinen Bereich im Leben meiner Kinder kontrollierten.

Zum ersten Mal spürte ich, wie sich zwischen Jeslam

und mir eine echte Kluft auftat, noch dazu in einer Angelegenheit, die für mich wichtiger war als alles andere auf der Welt. Als ich ihn auf das Thema ansprach, das mich quälte, tat er es als nebensächlich ab. Ich wollte, dass er Schritte unternahm, um das Problem zu lösen – irgendeinen Plan entwarf, wie ich mich zu verhalten hatte, falls ihm was zustieß. Er sollte sicherstellen, dass ich stets die Verantwortung für unsere Mädchen haben würde, was immer das Schicksal auch für uns bereithielt. Ich wollte aus seinem Mund hören, dass er für uns sorgen würde – dass wir immer vor den Launen dieser Männer sicher wären. Nach meiner Auffassung beschützt ein Mann seine Familie, denkt an die Zukunft, trifft Vorkehrungen, damit sie für Notfälle abgesichert ist.

Aber irgendwie erreichte ihn das alles nicht. Er verstand das Ausmaß meiner Furcht nicht. Und als mir das schließlich klar wurde, bekam ich noch mehr Angst.

Plötzlich fühlte ich mich allein. Ich war abhängig. Und ich war völlig machtlos.

Nach diesem Tag in Taif war nichts wieder so wie vorher. Meine Hoffnungen auf eine freiere Welt in der Zukunft, in der Frauen zumindest ein Mitspracherecht hatten, wenn es um das Leben ihrer Kinder ging, wurden von dem dogmatischen wahhabistischen Verständnis des Islam zerstört und im arabischen Wüstensand begraben. Emotional wirkten sich die Furcht und das Gefühl der Einsamkeit, die mich damals befielen, auf alles aus, was ich in den Jahren danach sehen und erleben sollte. Obwohl ich mich möglichst so verhielt, als wäre alles normal, wurde eine ängstliche Sorge meine ständige Begleiterin. Ich war keine unbekümmerte *Mom* mehr. Die Zukunft hatte von nun an einen bitteren Beigeschmack.

10

Gefangen im eigenen Haus

Ich bemühte mich so gut ich konnte, meine Panik zu verdrängen. Obwohl sie unterschwellig immer da war, solange ich in Saudi-Arabien lebte, musste mein Leben ja weitergehen. Um auf andere Gedanken zu kommen, widmete ich mich einem Projekt, das ich schon lange in die Tat umsetzen wollte. Om Jeslam und Fauzia hatten beschlossen auszuziehen, und Jeslam hatte ihnen ein Grundstück, das an unseres grenzte, für ihr Haus geschenkt. Jetzt, da Jeslam und ich zwei kleine Kinder hatten, waren wir eine richtige Familie. Und jetzt konnte ich unser Haus nach meinem Geschmack gestalten und einrichten.

Ich stellte einen Koch ein – ich hatte nicht vor, wie Om Jeslam ständig am Herd zu stehen – und plante die Entfernung einiger Wände, um unsere düsteren Räume größer und heller zu machen. Ich plante einen Anbau für eine neue Küche, große Glasschiebetüren fürs Wohnzimmer und neue Zimmer für die beiden weiblichen Bediensteten.

Unser männliches Personal – der Hausboy, der Koch, der Gärtner, der Portier und unsere beiden Fahrer – war in einem separaten Gebäude neben dem Haupttor untergebracht. Eines Nachmittags stellte ich fest, dass die Haussprechanlage nicht funktionierte, und ging zu ihrer Unterkunft, um Abdu, meinen Fahrer, zu rufen. Als ich den Kopf zur Tür hineinsteckte, bot sich mir ein solch verwahrloster Anblick, dass ich mir ein genaueres Bild machen wollte. Die übrigen Bediensteten schauten sich im Dienerhaus von Bakrs Anwesen ein Fußballspiel im Fernsehen an, und ich bat Abdu, an der Tür aufzupassen, dass niemand hereinkam. Ich durfte auf keinen Fall riskieren, dass einer von den Männern auftauchte und ich allein mit ihm in einem Schlafzimmer war. Bei meiner kurzen Inspektion der Räume stellte ich fest, dass die Küche völlig verdreckt war und widerlich stank. Die Wände waren schwarz vor Schmutz. Sogar die Schlafräume waren dreckig.

Es war zwar mein Haus, doch ich kam mir fast wie ein Eindringling vor. Keine Frau hatte je zuvor einen Fuß in die Personalunterkunft gesetzt. Die Männer, die hier wohnten, fuhren vielleicht einmal in zwei Jahren zu ihren Frauen und Familien. Sie verachteten Hausarbeit, die in ihren Augen Frauenarbeit war, und obgleich sie mein Haus putzen mussten, wohnten sie selbst wie in einem Schweinestall. Ich war entsetzt, solche Zustände auf meinem Grund und Boden vorzufinden.

Ich kaufte Farbe und gab den Männern Geld für neue Möbel. Ich bestand darauf, dass sie ihre Räume in einen guten Zustand versetzten.

Derweil fing ich an, unser Haus zu renovieren. Es war eine Wohltat, obwohl ich nicht geahnt hatte, wie aufwändig es werden würde.

Neue Möbel zu kaufen, war ein Ding der Unmöglichkeit: Es gab keine Geschäfte. Schließlich hörte ich, dass eine Libanesin, die Frau eines Saudi, in der ersten Etage ihrer Villa eine Art Möbelgeschäft aufgemacht hatte, wo sie moderne Möbel anbot, die sie auf Reisen nach Europa einkaufte. Es war ein skurriles Geschäft – halb Privathaus, halb Lagerhaus –, aber ich fand wenigstens einen neuen, dicken, cremefarbenen Teppichboden. Der scheußliche dunkelgrüne alte hatte ausgedient.

Aber wie sollte der Teppich verlegt werden? Weil die Handwerker mich nicht sehen durften und ich auch nicht mit ihnen sprechen konnte, musste ich mich darauf verlassen, dass sie ihr Handwerk schon verstanden und dass Jeslams ägyptischer Sekretär ihnen genau sagte, was sie zu tun hatten. Ich fand mich mit dieser offensichtlichen Zeit- und Energieverschwendung ab, sagte ihm, was er sagen sollte, und zog mich brav für den ganzen Tag in einen hinteren Raum zurück, als die Handwerker eintrudelten. Es war staubig, es war laut, und die Kinder waren aufgedreht – und als ich am Abend aus meinem Schlupfwinkel wieder auftauchte, sah ich die Bescherung. Der Teppich war im rechten Winkel zu unseren großen, neuen Fenstern verlegt worden, so dass jede Naht deutlich zu sehen war. Es sah keinen Deut besser aus als der kitschige alte Teppich.

Ich bestand darauf, dass alles neu gemacht wurde. Jeslam seufzte und reklamierte die Arbeit. Der Teppich sollte wieder herausgerissen und neu verlegt werden. Am nächsten Tag ging ich mit den Kindern wieder in Klausur. Als ich das Werk am Abend inspizierte, fielen die Nähte zwar nicht mehr so stark auf, aber dafür entdeckte ich jetzt genau in der Mitte des Teppichs eine fehlerhafte Stelle, die einem direkt ins Auge sprang.

Ich war nicht bereit, über Jahre mit einem so offensichtlichen Schönheitsfehler zu leben. Also erklärte ich Jeslam, dass der Makel behoben werden müsse.

Ich bin mir nicht sicher, ob Jeslam verstand, was ich wollte. Natürlich war er gereizt: Er hatte weiß Gott Wichtigeres zu tun, und da er im Westen gelebt hatte, fand er die ganze Aktion fast so ermüdend wie ich. Also sagte er am nächsten Morgen einfach: »Los. Red du mit ihnen.«

Das war wahrlich ein gewaltiger Schritt. Eine Bin-Ladin-Frau sollte mit Handwerkern sprechen – mit Männern von außerhalb des Hauses, nicht einmal Hausangestellten, praktisch Fremden von der Straße –, das hatte es noch nie gegeben. Ich hüllte meinen Körper und meine Haare in die Abaja, bedeckte mein Gesicht aber nicht mit dem undurchdringlichen, schwarzen Gazeschleier – ich musste ja schließlich richtig sehen können. Und dann trat ich aus meinem Hinterzimmer, um mit den Handwerkern zu sprechen und ihnen zu sagen, was sie tun sollten.

Sie schauten mich nicht an. Ich sagte, sie sollten den Teppich noch einmal herausreißen. Sie hörten gar nicht hin. Sie machten ungerührt weiter. Ich wiederholte meine Anweisung. Ich wurde lauter. Schließlich wandte einer von ihnen leicht den Kopf, natürlich ohne mich anzuschauen, und knurrte: »Wir lassen uns von einer Frau nichts sagen.«

Erst als Jeslams Sekretär kam und den Männern unmissverständlich klar machte, dass ich die Auftraggeberin sei und sie gefälligst tun sollten, was ich wollte, wurde alles nach meinen Wünschen erledigt. Später, in meinem Zimmer, überkam mich blanke Frustration. Ich wusste nicht, ob ich lachen oder weinen sollte. Was ich in dieser Welt auch anstellte, Männer hatten das Sagen. Nie zuvor hatte ich mich derart abhängig gefühlt.

Doch ich tröstete mich damit, dass sich ja doch etwas veränderte. Überall um uns herum wurde gebaut. Als ich das erste Mal nach Dschidda kam, standen die Bin-Ladin-Häuser ganz allein bei Kilometer sieben und die Wüste fing unmittelbar hinter unserem Garten an. Jetzt war die Stadt zu einer riesigen Baustelle geworden, die sich entlang der Mekka-Straße auf uns zu bewegte. Aus dem »Eselsplatz« mit seinen ärmlichen, dunklen Lebensmittelläden war der große, modern gestaltete Kuppel-Platz geworden, der sehr schön aussah. Jedes Mal, wenn ich nach ein paar Wochen Aufenthalt in Genf zurückkam, hatten sich Teile der Stadt so verändert, dass ich sie kaum wiedererkannte.

Äußerlich hatte Saudi-Arabien sich also gewaltig verändert. In den ersten fünf, sechs Jahren, die ich dort lebte, entwickelte sich das Land rasend schnell. Ein halbes Jahrhundert zuvor hatten sich die Menschen zur Kühlung nachts in feuchte Laken gewickelt, um schlafen zu können. Jetzt waren Klimaanlagen gang und gäbe. Der Pkw-Markt florierte; bei manchen Händlern konnte man sogar Kamele in Zahlung geben.

Von den Öldollars, die ins Land flossen, konnten die Saudis anscheinend nicht genug ausgeben.

Die ersten Modeboutiquen tauchten auf, in denen nur Frauen bedienten, so dass man den Schleier lüften konnte, um sich die Kleidungsstücke genau anzusehen oder sogar Sachen anzuprobieren. Manche Frauen fielen in einen regelrechten Kaufrausch. Unter ihren Schleiern waren junge Frauen jetzt geschminkt wie Filmstars und trugen den neuesten europäischen Schick.

Die Friseurinnen kamen nach wie vor ins Haus: Haare nahmen viel Zeit in Anspruch. Sie galten als sehr erotisch und wurden daher verborgen und nur dem Ehemann gezeigt. Wir Frauen lebten weiterhin völlig abgeschieden von der Welt der Männer. Aber die Geschäfte waren jetzt randvoll mit den Accessoires der modernen Welt – elektronischen Spielereien und teuren Markenturnschuhen. Und dann wurde eines Tages in der Stadt ein Safeway-Supermarkt eröffnet.

Ein Einkauf bei Safeway wurde für uns Frauen zum aufregendsten Ereignis überhaupt. Wir ließen uns von unseren Fahrern hinbringen, mehrere Frauen gleichzeitig. (Die Bin-Ladin-Frauen fühlten sich anscheinend nie wohl in ihrer Haut, wenn sie allein außer Haus waren.) Das Angebot in den Regalen verschlug uns die Sprache. Es gab alles, was das Herz begehrte – und wir luden uns die Einkaufswagen voll mit Gummibärchen, Suppen von Campbell, Schweizer Käse und Schokolade. Das Brot vom Bäcker war noch immer mit Rüsselkäfern befallen – ich bestand darauf, dass mein Koch Brot backen lernte –, doch jetzt hatten wir Ananasstücke und richtige Milch. Es schmeckte alles nach Fortschritt.

Mittlerweile hatte ich mich an meine lästig wallende Abaja gewöhnt, obwohl sie mir noch immer manchmal ein Schnippchen schlug. Eines Tages war ich mal wieder in Begleitung meines Fahrers Abdu einkaufen, als ich über den schwarzen Stoff stolperte. Ich fiel die Treppe hinunter und rollte mich irgendwie so ungeschickt in das Gewand ein, dass ich wie eine Mumie gefangen war, außerstande, wieder aufzustehen. Ich hob leicht den Kopf. Ich sah Abdu verlegen lächeln. Er traute sich nicht, mir aufzuhelfen. Ich musste lachen – die Komik der Situation war zu offensichtlich – und kam dann mühsam wieder auf die Beine, auch ohne seine Hilfe.

Die Konsumwut erfasste sogar die gesetzten Bin-Ladin-Frauen. Safeway war erst der Anfang. Jetzt begannen auch meine Schwägerinnen, sich zu Hause neu einzurichten. Doch sie suchten sich aufdringliche, protzige Sachen aus, einen scheußlichen Abklatsch der Dinge, die ich mit Sorgfalt ausgewählt hatte. In Fauzias Haus war alles grell und glänzend und kunterbunt zusammengewürfelt. Auch von den Plastikblumen wollte sie sich nicht trennen. Im Badezimmer waren die Rohre zu sehen, die Handwerker hatten einfach schlampig gearbeitet. Fauzia und die anderen machten mir niemals Komplimente wegen der vielen Mühe, die ich aufwandte, damit wir es zu Hause schön hatten, denn sie hielten es für unter ihrer Würde, mir Bewunderung entgegenzubringen. Sie kopierten mich und blickten doch auf mich herab. Es lief immer alles auf ein und dasselbe hinaus: Sie waren Saudis, ich nicht.

Ich war eine richtige Leseratte – ich hatte schon eine stattliche Bibliothek zusammengestellt. Kistenweise brachte ich Bücher aus Genf mit: Die gefürchteten Zollbeamten trauten sich nicht, Bin-Ladin-Gepäck nach Schmuggelware zu durchsuchen. Ich las Bücher über alle Themen, die mich interessierten: Politik, Wirtschaft, Biographien, Philosophie. Einmal fiel mir eine Zeitschrift in die Hände, in der ein Artikel über weibliche Beschneidung stand – die entsetzliche Genitalverstümmelung, die noch heute bei Mädchen in Ägypten und in Teilen Westafrikas gängige Praxis ist.

Om Jeslam war in der Küche, und ich stand noch so unter dem Eindruck des Artikels, dass ich ihr schockiert davon erzählte. Ich glaube, ich wollte ein bisschen Trost von ihr. Doch mit ihrer Reaktion hätte ich nicht im Traum gerechnet. Sie lächelte mich an und sagte: »So schlimm ist das gar nicht, weißt du. Da kommt eine Ägypterin, und der Schnitt ist klein, ganz klein. Das Mädchen ist ja noch sehr jung. Es tut nicht allzu sehr weh.«

War Om Jeslam auch auf so barbarische Weise verstümmelt worden? Vielleicht auch Fauzia? Oder Aischa, Mohammeds älteste Tochter? Bei wie vielen Frauen und Töchtern von Scheich Mohammed gehörte auch diese grausige emotionale und physische Narbe zu den Geheimnissen, die sie mit sich herumtrugen? Was mussten saudische Frauen denn noch alles an Schmerzen und Leid erdulden? Ich eilte zu meinen Kindern und nahm sie in die Arme. Meine wunderbaren kleinen Mädchen.

Je mehr wir aus dem Haus kamen, desto deutlicher spürte ich die sich abzeichnenden gesellschaftlichen Fortschritte. Jüngere, moderner eingestellte Saudis nahmen es nicht mehr ganz so genau mit den Traditionen. Immer mehr Frauen verzichteten auf den undurchsichtigen, schwarzen Schleier und gingen mit unverhüllten Gesichtern durch die Einkaufszentren, wenngleich nur selten über öffentliche Straßen. Die Abaja jedoch mussten nach wie vor alle tragen, um Haar und Körper zu bedecken. Selbst Om Jeslam zeigte sich ihrem Fahrer ohne Schleier. Sie begann sogar, selbst mit ihm zu sprechen.

Ich schwor mir, dass ich innerhalb meiner eigenen vier Wände ich selbst sein würde. Das Leben draußen war für mich noch alles anderes als normal, aber meinen Haushalt würde ich nach meinen Vorstellungen führen. Hier würde mein Zufluchtsort sein, mein sicherer Hafen.

Die Bediensteten sah ich als Menschen wie du und ich, die aber in anderen Verhältnissen lebten, und ich versuchte sie zu verstehen. Ich weiß, dass das Personal mich mochte: Ich war höflich und ich kommandierte sie nicht herum, wie die anderen Frauen es taten. Meine Kinder sagten bitte und danke. Mag sein, dass ich hohe Anforderungen stellte, aber ich war niemals beleidigend. Meine ungewöhnliche Einstellung zum Personal gab häufig Anlass zu Bemerkungen. Für die Bin Ladins waren Bedienstete Menschen zweiter Klasse – entweder sie genügten den Anforderungen oder sie waren dumm.

Einmal bat ich nach einem Sandsturm unseren nicht mehr ganz jungen pakistanischen Portier, die Marmorterrasse zu wischen. Er nahm den neuen Mopp, den ich gekauft hatte, machte ihn nass und fing an, ihn im Kreis zu bewegen. Das Ergebnis waren schmutzige Kreise. Ich wiederholte meine Bitte. Mit dem gleichen Ergebnis. Ich gebe zu, dass meine Stimme etwas lauter wurde – ich war nun mal verärgert. Ich fragte ihn, was denn daran so schwierig wäre, eine Terrasse zu wischen. Doch dann besann ich mich. Woher sollte der arme Kerl wissen, wie man mit einem Mopp umgeht? Er hatte bisher wahrscheinlich nur festgetretene Lehmböden gekannt. Kurzerhand zog ich meine Turnschuhe aus, krempelte mir die Hosenbeine ein Stück hoch und zeigte ihm, wie man aufwischte, in geraden Linien.

In diesem Augenblick kam Jeslam dazu. »Was machst du denn da?«, rief er aufgebracht. Ich eilte ins Haus. Ich wusste nicht, was für ihn schlimmer war – dass ich einem Mann meine nackten Fußknöchel zeigte oder den Boden wischte. Eine Bin-Ladin-Frau tut weder das eine noch das andere.

Ich fand die Geschichte ganz amüsant, doch auch mir ging zuweilen etwas über die Hutschnur. Einmal saß Jeslams jemenitischer Fahrer direkt vor unserem Haus im Wagen und hatte den Motor laufen. Trotz der Entfernung von einigen Metern spürte ich die Hitze des Motors und den brandigen Geruch. Ich sagte: »Machen Sie den Motor aus, der wird ja viel zu heiß.« Doch der Fahrer tat es nicht. »Ich muss die Klimaanlage für Scheich Jeslam anlassen«, sagte er. Als ich nicht lockerließ, sagte er: »Ich befolge keine Anweisungen von Frauen.«

Es war beleidigend und absurd zugleich – der Wagen war völlig überhitzt! – und ich brüllte ihn an: »Wenn Scheich Jeslam nicht da ist, hab ich hier das Sagen!« Bakr hörte in seinem Haus gegenüber den Lärm und kam herbeigeeilt. Es versteht sich von selbst, dass der Fahrer den Motor sofort abstellte.

Das Leben ging weiter. Wir ließen einen Tennisplatz anlegen. Ich brauchte dringend sportliche Betätigung. Jeslam hatte in Los Angeles Tennisspielen gelernt, und ich bestellte ein Dutzend Schläger und Schuhe in allen Größen: Fortan luden wir donnerstagabends zur Tennisparty ein.

Diese Partys waren ein weiterer Versuch, ein möglichst normales Leben zu führen. Ich trug normale Freizeitkleidung; wir servierten genau wie in den USA Steaks vom Grill und Bier. Alkohol, in Saudi-Arabien verboten, war nur auf dem Schwarzmarkt erhältlich, was ein bisschen knifflig war. Aber Mitarbeiter der Botschaft brachten in ihrem Diplomatengepäck Alkoholika mit, und die Fahrer verkauften sie unter der Hand. Abdus Quelle waren die Chauffeure einer afrikanischen Botschaft. Uns konnte nichts passieren: Die Religionspolizei traute sich nicht, die Häuser von Prinzen – oder Bin Ladins – zu durchsuchen.

Ich war die einzige Frau in der Bin-Ladin-Familie, die zu Hause Besuch von Männern empfing. Haifa sagte immer: »Jeslam kommt wenigstens immer nach Hause. Er verbringt Zeit mit dir. Er redet mit dir. Er lässt dich dein Leben leben.« Haifa war nicht neidisch. Sie freute sich für mich und machte mir deutlich, dass Jeslam eine Ausnahme war. Sie wollte der Welt nicht trotzen, wie ich es anscheinend nicht anders konnte. Sie wollte mir helfen, mich an mein saudisches Leben zu gewöhnen – damit ich glücklich war.

Ich glaube, meinen Donnerstagabendpartys war es zu verdanken, dass ich nicht den Verstand verlor. Ich lud Ausländer ein – Botschaftsangehörige, Geschäftsleute aus dem Westen und ein paar arabische Mitarbeiter von multinationalen Unternehmen –, die der wirtschaftliche Aufschwung an den Golf gelockt hatte und die sich plötzlich in gesellschaftlicher Isolation befanden. Vor allem die Geschäftsleute unter meinen Gästen freuten sich maßlos darüber, den tristen Hotelzimmern entfliehen zu können, wo sie oft wochenlang auf einen Termin bei einem Prinzen oder einem arroganten saudischen Geschäftsmann warten mussten. Saudi-Arabien machte es ihnen wahrhaftig nicht leicht: das endlose Warten, die Untätigkeit, die vielen Einschränkungen.

Viele in Saudi-Arabien lebende Ausländer lechzten derart nach Unterhaltung und Ablenkung, dass sie sich den Alkohol in der Badewanne selbst brannten. Einmal sah ich bei Safeway vor einem Regal mit Pralinen einen großen Andrang von Westlern, die sich aufgeregt die Einkaufswagen mit irgendwelchen Packungen voll luden. In der Schlange an der Kasse sah ich dann, was das Objekt der Begierde war: Kirschbranntweinpralinen! Ich musste innerlich lachen. Da hatte offensichtlich ein Zollbeamter nicht aufgepasst.

An Donnerstagabenden war bei uns Tag der offenen Tür – zwischen fünfundzwanzig bis zu siebzig Personen. Zu den Stammgästen gehörten der amerikanische Botschafter John West und seine Frau Lois, mit denen ich noch heute guten Kontakt habe. Ihre Tochter Shelton war um die zwanzig. Ich konnte mir gut vorstellen, wie schwer das Leben in Saudi-Arabien für sie als junge, unverheiratete Amerikanerin sein musste.

Dagegen war die Atmosphäre bei uns im Haus ausgesprochen locker, wie auf den Partys in den USA, die mir so viel Spaß bereitet hatten. Wir richteten einen Video-Raum für die Kinder ein. Die Gäste brachten Freunde mit. Für die in Dschidda lebenden Ausländer wurde ein Donnerstagabend bei uns durchaus ein herausragendes gesellschaftliches Ereignis. Die Frau des belgischen Botschafters hatte sich für ihren ersten Besuch bei uns richtig in Schale geworfen und war sichtlich verdattert, als sie mich in einer Capri-Hose mit Männern in Shorts zusammenstehen sah. »Donnerwetter, das nenn ich wirklich eine ungezwungene Garderobe!«, sagte sie. »Jedes Mal, wenn in diesem Land jemand was von ungezwungener Garderobe sagt, erscheinen alle wie aus dem Ei gepellt. Damit habe ich wirklich nicht gerechnet!«

Das Tennis sorgte zwischendurch für Unterhaltung und lockerte die Atmosphäre auf. Die meisten von uns unterhielten sich einfach nur. Wir tauschten Neuigkeiten aus und sprachen über Politik oder Bücher. (Meine von vielen beneideten Bücherregale wurden nach und nach zu einer Art Leihbücherei.) Die Themen der Geschäftsleute drehten sich natürlich auch um Verträge, die sie gerade aushandelten, und um die Investitionsmöglichkeiten in dem Land.

Unsere Gäste waren die Leute, die das neue, moderne Saudi-Arabien aufbauten. Die Gespräche mit ihnen – ihnen zuzuhören und bei ihnen Gehör zu finden – wurden mein Rettungsanker. Es war anregend, eine Herausforderung. Und die Kontakte waren auch gut für Jeslams Geschäft. Dass diese Männer, häufig wichtige Repräsentanten großer Unternehmen, zu uns nach Hause kamen, um Tennis zu spielen, etwas zu essen und ein Bier zu trinken, eröffnete Jeslam ganz neue Möglichkeiten. Es hob ihn von anderen Saudis ab. Es war etwas Besonderes, zu Jeslam nach Hause eingeladen zu werden.

Jeslams Einfluss wurde größer. Er war nicht nur irgendein kleiner Scheich. Er war ein Bin Ladin. Und selbst in der Hierarchie der Bin-Ladin-Brüder war er auf dem besten Weg, eine führende Rolle zu spielen, jemand zu werden, mit dem man rechnen musste.

Manchmal lud Jeslam auch saudische Männer zu den Tennispartys ein, doch sie kamen fast immer ohne Frau. Ich gab mich bewusst normal, wenn saudische Männer da waren. Ich dachte, wenn sie sahen, wie ich ganz ungezwungen mit Jeslam sprach, würden sie sich daran gewöhnen und vielleicht erkennen, dass ein offenes, partnerschaftliches Verhältnis zu der eigenen Frau weitaus erfüllender ist. Ich sah darin einen Beitrag zur Entwicklung der saudischen Gesellschaft. Aber vielleicht war die entspannte Atmosphäre für die meisten Saudis zu beängstigend. Jeslams Brüder kamen zwar häufig auf einen Sprung vorbei, blieben aber nie länger.

An einem Donnerstagabend im Jahre 1978 sprachen die Diplomaten über das neueste Gerücht, das in Dschidda kursierte. Prinzessin Misch'al, eine Großnichte des Königs, war auf einem Parkplatz in der Innenstadt kaltblütig ermordet worden. Die noch blutjunge Misch'al war einem sehr viel älteren Mann als Ehefrau versprochen worden und hatte versucht, zusammen mit ihrem Geliebten unter falschem Namen aus dem

Land zu fliehen. Sie war am Flughafen geschnappt worden.

Keine Frau darf Saudi-Arabien – nicht einmal die Stadt, in der sie lebt – ohne Erlaubnis ihres Mannes oder Vaters oder Sohnes verlassen. Eine Frau gilt nicht als mündige Erwachsene. Es existiert allerdings ein geheimes Frauennetzwerk für den Handel mit Pässen und Genehmigungen. Da kein Beamter an der Passkontrolle wagen würde, von einer Frau zu verlangen, dass sie den Schleier lüftet, ist es nicht schwierig, eine falsche Identität anzunehmen.

Trotzdem war Misch'al geschnappt worden. Wie, weiß ich nicht. Und ihr Großvater, Prinz Mohammed, der Bruder von König Chaled, hatte den Befehl gegeben, sie zu töten, weil sie Schande über ihre Familie gebracht hatte. König Chaled hatte sich dem Befehl seines Bruders widersetzt, aber Prinz Mohammed hatte auf Misch'als Ermordung bestanden, und er war schließlich der Patriarch des Clans. Eine Gerichtsverhandlung hatte es nicht gegeben, wie ich hörte. Misch'al war auf besagtem Parkplatz mit sechs Schüssen niedergestreckt worden. Ein Brite, der zufällig vorbeikam, hatte Fotos gemacht. Die BBC plante nun einen Dokumentarbericht, was die saudische Regierung natürlich in Rage brachte.

Ich war starr vor Entsetzen und musste lange Zeit daran denken. Ein Großvater konnte den Tod seiner Enkelin befehlen, weil sie sich verliebt hatte, und niemand konnte was dagegen tun.

Dabei hatte das Ganze nicht einmal islamische Hintergründe. Die lagen nämlich viel tiefer. Es hatte keine

Verhandlung vor einem islamischen Gericht gegeben, kein Urteil der Imame. Der brutale Mord hatte seine Wurzeln irgendwo in der alten beduinischen Kultur Saudi-Arabiens – grausame, unmenschliche Bräuche, die in der saudischen Gesellschaft nach wie vor ihre Wirkung entfalten.

In der beduinischen Kultur bedeutet Loyalität alles. Beduinen sind Nomaden, und sie reisen mit wenig Gepäck: Die Familie ist der Anker des Stammes. Frauen und Kamele sind der einzige Reichtum eine Beduinenstammes. Skrupellosigkeit ist in der Wüste ein positiver Wert. Und aus mir schier unerfindlichen Gründen erwächst Ehre nicht aus Mitgefühl oder guten Taten, sondern einzig und allein aus dem Besitz von Frauen. Frauen sind völlig unfrei – sie dürfen nicht einmal Emotionen empfinden wie Liebe und Sehnsucht. Eine ungehorsame Frau entehrt ihren Clan und wird aus dem Weg geräumt.

Als ich hörte, was mit Misch'al passiert war, musste ich als Erstes an meine Töchter denken. Das Gleiche könnte Waffa oder Nadscha passieren. Es war durchaus denkbar, dass einer von ihren Onkeln irgendwann aus irgendeinem Grund eine von seinen Nichten töten ließ. Und mir wären die Hände gebunden. Mir fehlen die Worte, um meine Wut und meine neu erwachte Panik an jenem Tag zu beschreiben. Wenn mir unser Familienausflug ins Bin-Ladin-Haus bei Taif die Realität Saudi-Arabiens zum ersten Mal richtig vor Augen geführt hatte, dann war Misch'als Tod die zweite deutliche Warnung.

Ich beschloss, im Mai ein Fest zu geben, um die Geburtstage von Waffa und Nadscha zu feiern. Ich konnte nicht ahnen, wie viele religiöse Schwierigkeiten ich mit meiner einfachen und harmlosen Entscheidung heraufbeschwören würde. Arglos rief ich alle Schwägerinnen an, um ihre Kinder einzuladen. Meine Schwägerin Raffa traute ihren Ohren nicht.

»Wir feiern nicht mal den Geburtstag des Propheten Mohammed«, klärte Raffa mich auf. »Christen feiern Geburtstage. Weihnachten ist ein Geburtstag.«

»Was redest du denn da?«, erwiderte ich verwirrt. »Es geht doch dabei nicht um Götzenanbetung. Ich möchte einem kleinen Mädchen bloß zeigen, dass ich glücklich darüber bin, dass es geboren wurde. Ich sage damit: ›Du wurdest an dem Tag geboren, für mich war es ein glücklicher Tag.‹ Das ist doch nichts Christliches.«

Ich konnte sie nicht überzeugen. Für Raffa und die anderen war es eine religiöse Frage. Und ihre Religion war da unumstößlich. So lernte ich, dass es in Saudi-Arabien – für Bin Ladins – *haram* ist, einen Geburtstag zu feiern.

Ich hätte die Sache als Bagatelle abtun können, doch sie wurmte mich. Raffa und die anderen waren überzeugt, die tiefere Wahrheit für sich gepachtet zu haben. In ihren Augen war der Westen sittlich verdorben, eine dekadente Kultur am Rande des Zusammenbruchs. Für mich wurde die Geburtstagsfeier zu einer Art Grundsatzfrage. Ich war nicht bereit, den Bin Ladins zuliebe auf alles aus meiner Kultur zu verzichten. Ich wollte meinen Kindern so etwas Wesentliches wie einen Geburtstag nicht nehmen. Jeslam unterstützte mich. Es war nicht das erste Mal, dass wir uns der Tradition widersetzt hatten.

Ich hatte mir für die Geburtstagsfeier etwas Besonderes überlegt; ich wollte aus Styropor große Figuren ausschneiden. Das würde eine viel schönere Dekoration ergeben als irgendwelche Dinge aus dem Geschäft, und meine Töchter würden lernen, dass man nicht immer alles kaufen muss. Ich arbeitete Wochen daran. Zur Geburtstagsfeier kamen dann doch ein paar meiner Schwägerinnen, vielleicht aus purer Neugier, gemeinsam mit ihren Kindern, und bis in den späten Abend herrschte ein fröhliches, buntes Treiben. Es war ein herrliches Fest.

Doch mit jedem weiteren Jahr wurde es immer schwerer, meine Schwägerinnen dazu zu überreden, ihre Kinder auf die Geburtstagsfeier meiner Töchter gehen zu lassen. Trotz meiner Freundschaft mit Haifa fühlte ich mich nach wie vor allein. Ich lebte in einer Gesellschaft, wo Frauen nichts waren und nichts sein wollten. Ihnen waren die Veränderungen, die ich mir herbeisehnte, anscheinend nicht so wichtig, und es frustrierte mich, von Frauen umgeben zu sein, die weder den Willen noch den Mut hatten, sich zu wehren. Viele von ihnen waren intelligent und energisch, aber das brachten sie nur in der Religion zum Ausdruck. Es war eine Art lebendiger Tod – der Tod der Persönlichkeit.

Ich war jetzt Herrin in meinem eigenen Haus, aber an manchen Tagen fühlte ich mich wie eine Gefangene. Nach dem abendlichen Ruf zum Gebet stand ich oft auf unserer Terrasse und lauschte dem Gekreische von

Tausenden Vögeln, die am Himmel kreisten, während die gewaltige, orangerote Sonne in der Wüste versank. Mit einem Heidenspektakel flogen sie in schwarzen Schwärmen über den Wüstensand, und kilometerweit war nichts anderes zu sehen. Es war ein schöner Anblick, aber er war immerzu gleich – öde, ohne jede Freundlichkeit und echte Nähe.

Die Monate verstrichen, und wenn ich Abend für Abend still und leise auf der Terrasse stand und den Vögeln nachschaute, befiel mich ein bedrückendes, klaustrophobisches Gefühl. Meine kleinen Mädchen waren im Haus hinter mir, aber mein Leben kam mir genauso kahl und leer vor wie der Sand.

11

Die Brüder

Entsprechend seinem Rang als zehnter Sohn von Scheich Mohammed bekleidete Jeslam in unserem ersten Jahr in Saudi-Arabien eine eher untergeordnete Position im Familienunternehmen. Umso mehr freute ich mich für ihn, als alle bald erkannten, dass seine Talente vergeudet wurden. Jeslam war intelligenter und wesentlich gebildeter als seine Brüder. Und das Bin-Ladin-Unternehmen lief nicht so gut, wie es sollte. Jeslams Können war dringend gefordert.

Zu der Zeit damals wurde das Unternehmen noch von acht Treuhändern geleitet, die König Faisal nach dem Tod von Scheich Mohammed ernannt hatte und die sich im Interesse von Mohammeds noch jungen Kindern um die Firma kümmerten. (Als Scheich Mohammed mit neunundfünfzig Jahren starb, waren erst zwei seiner Söhne volljährig gewesen.) Die Firma zählte zu den größten in Saudi-Arabien und war daher für das Land von besonderer Bedeutung. Außerdem hatte Scheich Mohammed bereits für König Faisals Vater gearbeitet, den sagenhaften Abd al-Asis, und für seinen Bruder, König Saud: Er hatte die meisten ihrer Paläste gebaut und ihnen auch anderweitig geholfen. Er war der königlichen Familie eng verbunden.

Die acht Treuhänder, allesamt vornehme, ehrwürdige ältere Männer, waren allerdings erzkonservativ und nicht bereit, irgendwelche Risiken einzugehen. Andere Baufirmen, zum Teil mit mächtigen Prinzen als Geldgeber, machten den stagnierenden Bin Ladins Konkurrenz. Angeblich hatten diese Konkurrenten bessere Beziehungen als die Bin Ladins – in Saudi-Arabien sind Beziehungen das A und O – und sie waren aggressiver und einflussreicher. Sie zogen einen Auftrag nach dem anderen an Land.

Zudem bahnte sich Ärger unter den Brüdern an. Salem war Scheich Mohammeds ältester Sohn. Der Zweitälteste, von einer anderen Frau, hieß Ali. (Ich hatte ihn im Libanon kennen gelernt.) Scheich Mohammed hatte Salem auf ein Internat im Ausland geschickt, während Ali in Saudi-Arabien bleiben musste. Als Scheich Mohammed starb, waren Salem und Ali beide volljährig, und Salem wollte seinen rechtmäßigen Platz als Oberhaupt in der Familie und der Firma einnehmen. Ali, der an zweiter Stelle kam, aber immer an der Seite seines Vaters geblieben war, fand, dass ihm die Führungsposition zustehe.

Seit Jahren schon kritisierte Ali Salems Entscheidungen, und die Rivalität zwischen den Brüdern tat der Firma nicht gut. Schließlich bat Ali König Faisal um die Erlaubnis, das Familienunternehmen und Saudi-Arabien zu verlassen. Zwar war Alis Anspruch, der wahre Nachfolger von Scheich Mohammed zu sein, nicht ganz von der Hand zu weisen, doch der König musste seinem Ausscheiden aus der Firma zustimmen. Nicht einmal König Faisal konnte zulassen, dass die Führungsrolle des ältesten Bruders angefochten wurde. Das ist das Fundament des Clan-Systems von

Saudi-Arabien – das Fundament der königlichen Familie selbst.

Und so erhielt Ali die Erlaubnis, sich von dem Bauunternehmen und seiner Familie zu trennen. Die Bin Ladins und die Treuhänder schätzten den Wert der Firma – was sie nie zuvor getan hatten, da die Kinder und ihre Mütter sich nie hatten auszahlen lassen wollen – und gaben Ali eine Million Dollar. Ali ging in den Libanon. Salem und sein jüngerer Bruder Bakr übernahmen die Firma.

Das Bin-Ladin-Unternehmen hatte zwar nach wie vor den angesehenen und lukrativen Exklusivvertrag für die Instandhaltung von Mekka und Medina, verlor aber anderweitig Kunden. Jeslam stieg langsam die Karriereleiter nach oben. Er stellte zwei Männer von der Citibank ein und machte sich daran, das Büro in Dschidda neu zu strukturieren. Jeslam richtete Abteilungen ein und schuf ein System von regelmäßigem Informationsaustausch und Entscheidungsfindungsprozessen, statt wie zuvor auf Konsens zu setzen, was häufig endlose Verzögerungen bedeutet hatte. Jeslam führte Computer ein und übernahm nach und nach die Finanzen der Firma, verhandelte mit großen ausländischen Banken über Kredite und Investitionen. Er startete Joint Ventures mit Konzernen wie General Motors und Losinger, einem Schweizer Bauunternehmen.

Das Unternehmen Bin Ladin befand sich in Gemeinschaftsbesitz der Erben von Scheich Mohammed, doch die Verteilung war sehr kompliziert. Die vier offiziellen Ehefrauen, die er bei seinem Ableben gehabt hatte, teilten sich ein Achtel der Erbschaft untereinander auf.

Die verbliebenen sieben Achtel des Unternehmens gingen an Mohammeds vierundfünfzig Kinder: ein voller Anteil an die Söhne, ein halber an die Töchter. (Da eine geschiedene Ehefrau nicht erbberechtigt war, wurde sie natürlich von ihren Kindern unterstützt.) Das Unternehmen wurde gemeinsam geführt – nicht eine Parzelle Land konnte ohne Einverständnis aller ge- oder verkauft werden –, und keiner von den Brüdern bezog damals ein Gehalt. Jedes Kind erhielt jedes Jahr eine Dividende – ein Anteil für die Jungen, ein halber für die Mädchen. In Wirklichkeit jedoch waren der älteste Bruder Salem und sein Verbündeter Bakr am Ruder.

Salem und Bakr hatten dieselbe Mutter. Offiziell gibt es in einer saudischen Familie keine Halbbrüder, aber es gibt trotzdem Zugehörigkeitsgefühle, Gruppierungen – entweder weil die Männer dieselbe Mutter haben oder weil sie gleich alt sind oder dieselbe Schule besuchten. Wenn zwei der drei Faktoren zusammenkommen wie bei Salem und Bakr, ist die Verbindung noch enger.

Jeslams natürliche Verbündete waren alle jünger als er. Und wie viele von den jüngeren Männern ärgerte er sich über die Führungsposition seiner älteren Brüder.

Einmal nach Feierabend nahm Jeslam mich mit in die Firma und zeigte mir – natürlich war ich sittsam in meine Abaja gehüllt – die Räumlichkeiten. Das Gebäude war nicht weit von Kilometer sieben und sah aus wie – wie nichts, was ich kannte. Es hatte keinerlei Ähnlichkeit mit den protzigen Glasbauten, in die sich größere Firmen im Westen gern einquartieren. Ich sah lange Korridore mit kahlen kleinen Räumen wie im Gymnasium einer europäischen Kleinstadt. Am Ende eines Flurs war ein Mann damit beschäftigt, den Boden zu fegen – er fegte, benutzte nicht mal einen Staubsauger –, und ich musste mich in Jeslams Büro zurückziehen. Es war spartanisch: ein Holztisch, keine Teppiche und an der Wand bloß drei billig gerahmte Fotos von König Abd al-Asis, König Faisal und König Chaled. Es sah ganz und gar nicht so aus, wie man sich das Büro eines Managers in einer der wichtigsten Firmen der arabischen Welt vorstellen würde.

Die anderen Brüder erkannten rasch, was in Jeslam steckte. Sein Stern ging auf. Er hatte jetzt seinen Platz in der Firmenzentrale in Dschidda. Man holte seinen Rat ein. Er kannte sich aus mit Finanzen und hatte Erfahrung im Westen gesammelt. Doch einigen seiner älteren Brüder war Jeslams wachsendes Ansehen ein Dorn im Auge: Sein Ruf stellte den ihren allmählich in den Schatten.

Um seine Position zu behaupten, benötigte Jeslam unbedingt einflussreiche Verbündete. Sein älterer Bruder Hassan war äußerst kompetent und hatte ansonsten keine Bundesgenossen in der Familie, da er der einzige Sohn seiner Mutter war. Hassan wurde Jeslams Verbündeter, obwohl Jeslam in der Rangordnung erst an zehnter Stelle kam, Hassan an fünfter.

Die Loyalitäten wechselten ständig, je nachdem, wer gerade mit wem Streit hatte oder irgendein privates Süppchen kochte. So konnte es beispielsweise passieren, dass Omar sich, wenn er ein Stück Land kaufen wollte, vorübergehend Jeslams Lager anschloss. Wie in jedem Großunternehmen kam es auch bei den Bin Ladins zu internen Intrigen. Aber sie waren auch eine Familie, die auf ihr Image bedacht war und es tunlichst vermied, dass irgendetwas durchsickerte.

Die von Spannungen und Geheimniskrämerei geprägte Atmosphäre war häufig bedrückend, und sie schlug Jeslam zunehmend aufs Gemüt. Er bat mich immer häufiger um Unterstützung und Zusprache, wenn ihm der Druck vonseiten seiner Brüder zu viel wurde. Er brauchte jemanden, bei dem er sich aussprechen konnte. Ich war seine Stütze geworden und entwickelte mich allmählich auch zu einer Strategieberaterin, einer Analystin, die über alles im Bilde war, was sich hinter den Kulissen von Jeslams Unternehmen abspielte. Die Rolle kam mir sehr entgegen: Sie hielt meinen Geist wach, und sie gab mir das Gefühl, an der Gestaltung der Zukunft unserer Familie beteiligt zu sein.

Jeslam war inzwischen der Finanzexperte der Firma. Viele von den jüngeren Brüdern kamen jetzt häufiger abends zu uns nach Hause, um beim Tee auf unserer Terrasse oder beim Essen mit Jeslam zu reden. Ich war jedes Mal dabei und hörte zu, und da Jeslam mich nicht wegschickte, fanden sie sich mit meiner stillen Anwesenheit ab. Vielleicht war ihnen nicht klar, wie gut ich inzwischen Arabisch verstand. Die besonders religiösen Brüder – Osama und andere – kamen nur selten um diese Zeit zu Besuch, weil ich keinen Schleier trug. Wenn sie doch kamen, musste ich mich in mein Zimmer zurückziehen.

Ich lernte, meine Meinung für mich zu behalten. Wenn ich etwas sagte, verstummten die Brüder, und

Jeslam funkelte mich über den Rand seines Teeglases an. Ich hielt also den Mund und versuchte, durch Zuhören möglichst viel zu lernen. Das meiste wurde nicht klipp und klar zur Sprache gebracht, sondern nur angedeutet, aber ich konnte mir oft denken, worum es ging. Später sprach ich dann meist mit Jeslam unter vier Augen darüber.

Beim Tee auf unserer Terrasse drehten sich die Gespräche dieser jüngeren Brüder natürlich ums Geschäft: anstehende Entscheidungen oder umstrittene Beschlüsse von Salem und Bakr. Manche der Brüder waren frustriert über den schlechten Kontakt zu den Prinzen der al-Saud-Familie, die das Land mit absolutistischer Macht regierte.

Es konnte viel Zeit und Geld kosten, sich einen wohlwollenden, mächtigen Prinzen warm zu halten. Dazu gehörte dann, ihnen praktisch jeden Abend seine Aufwartung zu machen, mit ihnen zu reisen – und manche von den al-Sauds steckten einen fetten Prozentsatz von jedem größeren Auftrag in die eigene Tasche, als wäre es ihr göttliches Geburtsrecht. Aber die Prinzen waren nun mal das Tor zu Erfolg, Ansehen und Macht.

Ich fand es nicht richtig, dass Jeslam weiter an zehnter Position blieb, als cleveres Rädchen in einem Getriebe, das viel größer war als er. Er war schließlich klug, tüchtig und erfahren – in meinen Augen hatte er mehr verdient. Aber wenn er wirklich selbstständig werden und nicht immer bloß irgendein Bin Ladin bleiben wollte, würde Jeslam selbst Kontakte zu den al-Sauds knüpfen müssen. Und Salem und Bakr hüteten ihre Beziehungen zu den Prinzen wie ihren Augapfel. An gewisse Türen konnte man nun einmal nicht einfach klopfen.

Dank unserer Donnerstagabendpartys lernten wir immer mehr Leute kennen. Viele von ihnen waren, wie schon gesagt, Ausländer, die an den Golf gekommen waren, um von dem wirtschaftlichen Aufschwung zu profitieren, und die erst jetzt merkten, wie schwer es war, Kontakt zu den Saudis zu bekommen. Zudem fehlte ihnen ihr westlicher Lebensstil. Meine Freundin Ula Sebag zum Beispiel, die Schwedin, die ihren damals zweijährigen Sohn an seinen saudischen Vater verloren hatte, war in zweiter Ehe mit einem Amerikaner palästinensischer Abstammung verheiratet, der seit dreißig Jahren in Saudi-Arabien lebte. Ihr Mann Issa, ein ruhiger älterer Herr, hatte für die US-Botschaft als Dolmetscher und Berater gearbeitet und kannte Prinz Madschid, eine beleibte, käseweiße Gestalt und einer von den zahlreichen Brüdern des Königs. (Allein in diesem Zweig der königlichen Familie hatte es zwanzig Ehefrauen gegeben.)

Wie alle wichtigen al-Saud-Prinzen hielt Prinz Madschid jeden Abend nach dem Gebet in seinem *Majlis*, einem großen, prachtvollen Saal seines Palastes, einen Empfang ab. Es war eine Art Audienz für Bittsteller aller Art. Gäste, die der Prinz nicht persönlich gut kannte, wurden lediglich von ihm begrüßt und mussten dann auf irgendeinem entfernteren Sofa Platz nehmen. Gute Bekannte durften neben dem Prinzen sitzen. Das war die Hierarchie der Macht.

Leute mit viel Einfluss und guten Beziehungen waren häufig auf Empfängen verschiedener Prinzen anzutreffen, wie beispielsweise Salem. Ich wusste, dass er mehrere Förderer hatte, unter ihnen auch Prinz Salman, den Gouverneur von Riad, und dass er praktisch jeden Abend an einem *Majlis* teinahm.

Eines Abends nahm Issa Jeslam mit zu Prinz Madschid. Während des Empfangs passierte nichts Besonderes – ein bisschen Small Talk, ein paar Tassen Tee. In Saudi-Arabien geht alles sehr langsam vonstatten, in symbolischen Schritten, die so minimal sind, dass sie ein Außenseiter nicht mal bemerken würde. Doch das Fundament war gelegt. Jeslam wurde in den engeren Kreis um Prinz Madschid aufgenommen und fand bald auch Kontakt zu anderen Prinzen. Jeslam bewegte sich immer selbstverständlicher im Dunstkreis der Macht und führte Gespräche mit anderen Männern, die sich ebenfalls dort aufhielten. Es war ein subtiles Zusammenspiel von Einfluss und Gesten, das enorme Auswirkungen auf Jeslams Ansehen hatte.

Später, als Issa Sebag sich schon zur Ruhe gesetzt hatte, kam er zu Besuch. Er hatte seine gute Position bei den Prinzen verloren, aber er hatte irgendein verwaltungstechnisches Anliegen und bat Jeslam, ihn mit zu Prinz Madschid zu nehmen. Jeslam erklärte sich zwar einverstanden, mied den alten Mann dann aber Tag für Tag, ehe er den Prinzen besuchte. Schließlich stellte ich ihn zur Rede und sagte: »Issa hat dir geholfen, als du ihn gebraucht hast.« Aber Jeslam erteilte mir bloß eine unterkühlte Abfuhr: »Mir hat keiner geholfen«, sagte er. »Ich bin ein Bin Ladin.«

Doch das war viele Jahre später. Während Jeslam nach und nach seine Machtposition innerhalb des

Familienunternehmens festigte, gestalteten sich die Diskussionen auf unserer Terrasse immer hitziger. Im Grunde war Jeslam jetzt derjenige, der die Firma leitete. Doch trotz neuer lukrativer Aufträge passte es Salem und Bakr nicht, dass Jeslam an Einfluss gewann. Eines Morgens rief Bakr bei einer Bank an, um über ein Darlehen für ein neues Bauprojekt zu verhandeln – es ging um einige hundert Millionen Riyal. Der Banker fragte dummerweise: »Ist Scheich Jeslam darüber informiert?« Bakr war gekränkt. Er hatte sein Gesicht verloren.

Salem und Bakr begannen, Jeslams Entscheidungen zu boykottieren. Sie strichen die Anerkennung für seine Projekte ein und behinderten und kritisierten seine führenden Mitarbeiter. Sie lehnten von ihm ausgehandelte Verträge in letzter Minute ab, was für ihn ungemein peinlich war. Dann verlor Jeslams Verbündeter Hassan, ein guter Geschäftsmann, aber ein besessener Spieler, in einem Londoner Kasino ein Vermögen und musste Hilfe suchend zu Hause anrufen. Salem und Bakr bezahlten Hassans Schulden, und als Hassan nach Saudi-Arabien zurückkehrte, kam er Jeslam distanziert vor. Hassan hatte das Lager gewechselt.

Jeslam zog einen neuen Großauftrag an Land: den Bau des Bin Ladin Plaza in Dschidda. Es war ein spektakulärer Wolkenkratzer, damals das bei weitem höchste Gebäude in der Stadt, dessen Errichtung Hunderte Millionen Dollar verschlang. Wir reisten in diesen Monaten häufig nach Paris, denn Jeslam handelte den Vertrag aus und unterzeichnete ihn. Wochenlang wohnten wir im Nobelhotel Georges V. Ich weiß noch, wie ich im

Schneidersitz auf dem Bett saß und bis spät in die Nacht die Verträge studierte.

Für das Bin-Ladin-Unternehmen war das Projekt ein sagenhafter Finanzcoup – der erste in einer ganzen Serie. Die Finanzierung lief über französische Banken, und für die Kredite bürgte die französische Regierung. Das Bin-Ladin-Unternehmen stellte lediglich das Grundstück zur Verfügung. Als das gesamte Gebäude an Saudia, die nationale Fluggesellschaft, vermietet wurde, holten die Franzosen ihre Investitionen rasch wieder zurück. Und die Bin Ladins machten anschließend als Eigentümer eines im Großen und Ganzen schuldenfreien Gebäudes ein Vermögen.

Dergleichen hätte natürlich in keinem anderen Land passieren können, weil die Franzosen einfach das Grundstück gekauft hätten. Aber in Saudi-Arabien ist es Ausländern untersagt, Grundbesitz zu erwerben. Ohne einen saudischen Partner dürfen sie nicht mal Geschäfte machen. Auch in diesem Fall gilt: Der heilige Boden darf nicht von Ungläubigen besudelt werden.

Ich war so stolz auf Jeslams Verhandlungsgeschick. Doch als die saudischen Zeitungen von dem Projekt berichteten, wurde der Erfolg nicht Jeslam, sondern dem selbstgefälligen Bakr angerechnet.

Ich merkte, wie sehr Jeslam die Situation zu schaffen machte, doch damals gab er immer klein bei. Er legte sich nie mit Bakr und Salem an, obwohl seine Antipathie gegen die beiden stetig wuchs. Er beschwerte sich bei mir, dass seine Brüder ihm dauernd in den Rücken fielen, wehrte sich aber niemals aktiv.

Direkte Konfrontation ist nicht die saudische Art.

Nach außen hin ist alles ruhig – besonders innerhalb des Clans. Aber natürlich gibt es auch hier Ehrgeiz und Ambitionen. Es finden Kämpfe um Macht und Ehre statt – sogar unter den Angehörigen des Königshauses. Die tägliche Realität hinter den Kulissen heißt Bruder gegen Bruder, denn selbst in Saudi-Arabien gehört es zur Natur des Menschen, nach persönlicher Anerkennung und Erfolg zu streben.

Andererseits führen gesellschaftliche Konditionierung und der Wahhabismus jeden Saudi stets wieder zurück in den Schoß seines Clans. Kein individuelles Schicksal ist wichtiger als die gemeinsamen religiösen Werte. Für einen Saudi gibt es kein Entrinnen vor den Traditionen seiner Ahnen.

12

1979

Am Neujahrstag 1979 zog ich Bilanz und dachte über den Wandel nach, den Saudi-Arabien in den drei Jahren erfahren hatte, die ich nunmehr in dem Land lebte. Aus den sandigen Straßen des vorsintflutlichen alten Dschidda war eine strahlende neue Stadt entstanden. Der Komfort hielt auch in die Privathäuser Einzug: Der Bin-Ladin-Laster musste nicht mehr alle zwei, drei Tage kommen, um unsere Zisterne mit Wasser zu füllen. Meine Töchter waren glücklich. Ich hatte in Haifa eine gute Freundin gefunden. Jeslam liebte mich über alles und wurde immer einflussreicher. In den Einkaufszentren sah man mehr und mehr Frauen ohne Schleier. Ich hatte allen Grund zu Optimismus.

Wie hätte ich ahnen sollen, wie viele Rückschritte der Mittlere Osten in naher Zukunft machen würde? Schon bald würde der Sturz des Schahs im Iran wie eine Schockwelle die ganze arabische Welt durchlaufen und den Traditionalisten neuen Auftrieb geben, die vehement jeden Versuch bekämpften, den Mittleren Osten in die moderne Welt einzugliedern. Der Islam würde eine völlig neue Dimension annehmen und die Perspektiven für die ganze Welt verändern. Nichts würde mehr so sein wie zuvor.

Nicht einmal die unkritischen saudischen Zeitungen konnten uns die Ereignisse im Iran vorenthalten. Die

Revolution erreichte im Januar 1979 ihr Ziel: Schah Resa Pahlewi musste das Land verlassen. Eine eigentümliche Koalition aus westlich beeinflussten Liberalen und fanatischen Fundamentalisten forderte eine Regierung durch das Volk. Am 1. Februar verließ Ajatollah Chomeini sein Exil in Paris und landete in Teheran, wo er von Millionen Anhängern begrüßt wurde. Kurz darauf attackierten Chomeinis Leute die westlich orientierten Liberalen, die ihnen geholfen hatten. Sie verlangten, dass alle Frauen den Schleier trugen, auch die, die sich zuvor ganz selbstverständlich unverschleiert in der Öffentlichkeit bewegt hatten. Die islamistische »Reform« erfasste auch die Geschäftswelt. Alle Menschen im Mittleren Osten konnten spüren, dass ein jäher, bedrohlicher Wind aufkam.

Auf unseren Donnerstagabendpartys waren die Geschehnisse im Iran das einzige Thema unter Diplomaten und anderen Ausländern. Alle hungerten ständig nach Nachrichten. Ich hatte Glück: Meine Schwestern in Europa schickten mir jede Woche Zeitungen und Zeitschriften per DHL. Das, was da im Iran geschah, war bestürzend. Die Heimat meiner Mutter wurde ins Mittelalter zurückkatapultiert. Frauen, die sich schminkten, wurde Säure ins Gesicht geschüttet. Tausende Menschen wurden verhaftet und umgebracht. Chomeini kritisierte die saudische Monarchie. Er sagte, im Islam dürfe es keinen König geben.

Ich sah, dass das Schreckgespenst der Revolution Jeslam und seine Brüder nervös machte. Auch ich verfolgte die Ereignisse mit großer Sorge. Wenn die Monarchie im Iran gestürzt werden konnte – wenn moderne iranische Frauen in so kurzer Zeit gezwungen werden konnten, wieder den Tschador zu tragen, und sich auf der Straße bösartige Schikanen durch die Religionspolizei gefallen lassen mussten – was konnte dann in Saudi-Arabien alles passieren?

Ich machte mir auch Sorgen um die Menschen, die ich im Iran kannte. Meine Mutter war in Europa in Sicherheit, obwohl sie immer stärker kränkelte. Die meisten ihrer Verwandtschaft waren bereits ausgewandert, viele von ihnen in die USA. Doch etliche Freunde und Bekannte meiner Mutter lebten nach wie vor im Iran, und da nur schwer in Erfahrung zu bringen war, wie es ihnen ging, konnte man sich die schrecklichsten Dinge ausmalen.

Dennoch war ich tief in mir der Überzeugung, dass ich im Falle einer Revolution in Saudi-Arabien würde fliehen können. Ich wusste, als Ausländerin und Ehefrau eines Bin Ladin würde ich als eine der ersten das Land verlassen. Das war der eigentliche Luxus in meiner gesellschaftlichen Position, nicht die Chanel-Kleider und die Smaragdohrringe. Wir hatten die Möglichkeit rauszukommen – hatten die Macht und das Ansehen, den Kontrollen der Religionspolizei zu entgehen, aus dem Gefängnis zu kommen und notfalls eben auch aus dem Land.

Der Bin-Ladin-Konzern hatte eine eigene Flugzeugflotte. Und wenn ein Bin Ladin einen Platz in einer Maschine brauchte, bekam er einen. Da die Bin Ladins das Monopol für sämtliche Bauarbeiten in Mekka hatten, genoss die Familie ein weitaus höheres Ansehen als alle anderen Unternehmer-Clans. Selbst wenn ein

Flugzeug voll ausgebucht war, wurde für einen Bin Ladin jederzeit ein Platz frei gemacht. Ich hatte das häufig genug erlebt. Wenn wir also in Schwierigkeiten geraten sollten, würden wir einfach ein Flugzeug besteigen und außer Landes fliegen.

Obwohl ich in der Situation damals natürlich sehr angespannt war, fühlte ich mich nicht unmittelbar bedroht. Doch die al-Saud-Prinzen, die Herrscher des Landes, hatten mit Sicherheit mehr Angst als ich. Für sie stand alles auf dem Spiel. Chomeinis Revolution war ein offener Angriff auf ihr Regime. Dass die radikal-fundamentalistischen Ideen zunehmend auch auf Saudi-Arabien übergriffen, war auf der Straße nicht zu übersehen. Die kleinen Veränderungen, die mir so viel Hoffnung für die Zukunft gegeben hatten, wurden zurückgedreht, weil die königliche Familie in ihrer Panik die Fundamentalisten versöhnlich stimmen wollte.

Es erstaunte mich maßlos, wie schnell die religiösen Fanatiker das öffentliche Leben bestimmten. Auf dem Souk hingen überall Plakate, die vor den Gefahren unsittlicher Kleidung warnten. In den Moscheen wurde eine strengere Einhaltung der Sitten verlangt, woraufhin immer mehr Frauen wieder den Schleier trugen. Trotz der mörderischen Hitze zogen sie sich unter der Abaja auch noch dicke schwarze Strümpfe an, damit die paar Zentimeter nackter Haut von Füßen und Knöcheln beim Gehen bedeckt waren. Viele Frauen, wie Osamas Frau Nadschwa und meine Schwägerinnen Raffa und Scheicha, gingen plötzlich nur noch mit Handschuhen vor die Tür. Die Religionspolizei – die

Mutawa–, die über unsere Sittsamkeit wachte, patrouillierte mit dicken, langen Stöcken durch die Straßen und prügelte manchmal sogar auf Frauen ein.

Mit einem Mal fielen mir immer mehr Kleinigkeiten auf, die mir verrieten, dass die gesellschaftliche Situation sich verschlechterte. Einmal im Supermarkt sah ich, wie eine schwangere Frau ohnmächtig wurde und ihr Mann ihr zu Hilfe eilen wollte. Polizisten von der Mutawa, die zufällig dort waren, hielten ihn auf und schrien ihn an: Er durfte seine Frau in der Öffentlichkeit nicht in die Arme nehmen.

Wenn der Ruf zum Gebet erklang, während wir in irgendeinem Geschäft einkaufen waren, durften wir nicht wie früher bleiben, während die Männer zum Beten nach draußen gingen: Die Ladenbesitzer hatten Angst und ließen hastig die Jalousien herunter.

Mutawa-Polizisten brüllten uns auf offener Straße an – »He, Frau, was soll das?« –, wenn unsere Hände zu sehen waren oder wenn ich meine Abaja zu hoch hielt. Abdu, mein sudanesischer Fahrer, schützte mich stets – »Bin Ladin«. Selbst in dieser Situation durfte die religiöse Integrität einer Bin-Ladin-Frau nicht in Zweifel gezogen werden. Dennoch bekam ich Angst.

Die Religionswächter drangen in Häuser ein und zertrümmerten Stereoanlagen. Wenn sie Alkohol fanden, nahmen sie die Männer mit aufs Revier und schlugen sie dort zusammen. Der Verkauf von Kinderpuppen wurde verboten, weil sie menschliche Gesichter hatten – Puppen wurden zu Schmuggelware, wie Whisky. Die einzigen Puppen, die es plötzlich noch zu kaufen gab, waren formlose Gestalten ohne Gesicht, wie die

Puppe, die Aischa besessen hatte, die Kind-Frau des Propheten im siebten Jahrhundert. Aber wir befanden uns im Jahr 1979.

Mit den Bin-Ladin-Frauen war über solche Dinge nicht zu reden. Sie hätten ohnehin niemals gegen die Gesetze verstoßen. In ihren Augen tat die Mutawa nur ihre Arbeit, und diese Arbeit war ehrenhaft und gerecht. Für sie konnte Religion nicht streng genug sein. Aber den Ausländern entging nicht, dass die Mutawa brutaler durchgriff und immer mehr Angst und Schrecken verbreitete.

Einmal unterhielt ich mich mit meiner Schwägerin Raffa über das Thema Schleier und sagte, dass er meiner Ansicht nach unnötig und beleidigend war – beleidigend für saudische Männer. Waren sie wirklich so schwach und sexbesessen, dass sie schon der Anblick eines nackten Frauengesichts zur Sünde verleiten würde? Raffa starrte mich an, als hätte ich den Verstand verloren. Ich konnte ihren Augen ablesen, was sie dachte – »du unwissende Ausländerin«. Ich konnte ihr einfach nicht begreiflich machen, was ich meinte. Es war fast unheimlich.

Die jungen Leute jagten mir die größte Angst ein. Sie waren es doch schließlich, die das Land eigentlich nach vorn bringen sollten, raus aus dem Mittelalter in die moderne Welt. Und doch musste ich Woche für Woche mit erleben, wie sie das Rad der Geschichte mit rasender Geschwindigkeit zurückdrehten. Ich sah ihre Handschuhe und schwarzen Strümpfe und ihre zornigen Gesichter – hörte, wie sie noch mehr Einschränkungen verlangten. Es konnte doch nicht wahr sein, dass diese jungen Menschen sämtliche Fortschritte wieder aufheben wollten, oder? Das hatte es doch noch nie gegeben. Und doch passierte genau das im Iran.

Ich hatte das Gefühl, in der Falle zu sitzen. Jede einzelne Veränderung, die ich begrüßt hatte, wurde wieder rückgängig gemacht. Jede kleine Lücke schloss sich wieder. Die Saudis hatten sich der Welt nur für wenige Jahre geöffnet. Nun, so schien es, besannen sie sich auf ihre Werte und Traditionen.

Im Sommer 1979 flogen wir in die USA. Für Jeslam war es in erster Linie eine Geschäftsreise, für mich Gelegenheit, endlich wieder in Mary Marthas beruhigende, liebevolle Umarmung zu sinken. Sie war froh, mich nach all den Monaten der Unsicherheit gesund wiederzusehen. Ich war einfach erleichtert, wieder in den USA zu sein. Doch an dem Tag, bevor wir von Los Angeles weiter nach St. Louis fliegen wollten, wo Jeslam Termine hatte, rief Mary Martha mich in Tränen aufgelöst an. Ihr Bruder Jimmy war mit seinem Flugzeug irgendwo zwischen Arizona und Kalifornien von den Radarschirmen verschwunden. Es werde schon nach ihm gesucht, sagte sie, und sie wolle nach Arizona, um bei ihren Eltern zu sein.

In dieser Situation konnte ich Mary Martha unmöglich allein lassen. Ich bestand darauf, sie zu begleiten. Jeslam setzte alle Hebel in Bewegung. Als Mary Martha und ich in Arizona landeten, saß er bereits als Co-Pilot in einem der zwei Flugzeuge, die er für die Suche nach Jimmy gechartert hatte. Von morgens bis abends war eine ganze Flugzeugflotte in der Luft, bis das Wrack von Jimmys Maschine nach fünf Tagen endlich entdeckt wurde. Jeslams Miene war ernst und abgespannt. Er wollte nicht reden. Ich musste daran denken, dass sein Vater auch bei einem Flugzeugabsturz ums Leben gekommen war, als Jeslam erst siebzehn Jahre alt war.

Ich hatte großes Mitgefühl mit Mary Martha und der Familie Berkley. Aber Jeslam musste sich wieder um seine Geschäfte kümmern. Wir kehrten bedrückt und schweigsam nach Saudi-Arabien zurück. Es war ein furchtbarer Sommer gewesen.

Der politische Vulkanausbruch im Iran und sein Niederschlag im Mittleren Osten hielt ganz Saudi-Arabien in Atem. Er war das alles beherrschende Thema. An einem Donnerstagabend im Oktober war John Limbert, ein amerikanischer Diplomat, wieder einmal Gast auf unserer Tennisparty und erzählte uns, dass er am nächsten Tag in den Iran reise. Nur wenige Tage später wurde er in der US-Botschaft in Teheran als Geisel genommen. Zusammen mit Dutzenden anderen wurde er vor die Fernsehkameras gezerrt, um die gewaltige Rache des Islam an den gottlosen Amerikanern zu demonstrieren. John war einer von zweiundfünfzig Geiseln, die vierhundertvierundvierzig Tage gefangen gehalten wurden. Lois West bemühte sich, seiner Frau Parwanai während dieser schrecklichen Zeit eine Stütze zu sein. Wir alle waren erschüttert.

Und dann kam Jeslam an einem Novembermorgen aus der Firma zurück nach Hause geeilt, aschfahl und aufgewühlt, und sagte: »Rebellen sind in Mekka eingedrungen.« Hunderte islamischer Extremisten hatten die Große Moschee gestürmt und den heiligsten Ort des Islam in ihre Gewalt gebracht. Der Rebellenführer hielt Hetzreden gegen die Korruption und das zügellose Leben der al-Sauds – insbesondere Prinz Najefs, des Gouverneurs von Mekka, der bekanntermaßen gern dem Whisky zusprach. Die Rebellen waren mit Bin-Ladin-Lkws, die nie durchsucht wurden, ungehindert nach Mekka gefahren.

Wir waren bestimmt die Ersten, die Bescheid wussten. Die Bin Ladins hatten ein Büro in Mekka, und ein Mitarbeiter dort hatte sofort das Hauptbüro in Dschidda informiert, als die Große Moschee besetzt wurde. Dann kappten die Rebellen die Telefonleitungen. So unglaublich es klingen mag, aber es war das Bin-Ladin-Unternehmen, das König Chaled über die Rebellion in der heiligsten Stadt des Islam verständigte.

Als Erstes sperrte der König sämtliche Telefonverbindungen ins Ausland. Ich wollte meine Mutter anrufen, um sie zu beruhigen, aber ich kam einfach nicht durch. Die Zeitungen trauten sich erst nach Tagen, über die Ereignisse in Mekka zu berichten. Aber natürlich verbreitete sich die Nachricht wie ein Lauffeuer. Es kam zu Unruhen. Der Luftverkehr wurde eingestellt.

Bei uns zu Hause herrschte ein aufgeregtes Kommen und Gehen, denn ständig trudelten irgendwelche Brüder von Jeslam mit den neuesten Nachrichten ein. Jeslam selbst pendelte hektisch zwischen unserem Haus und dem Büro hin und her. Die Bin Ladins hatten die einzigen detaillierten Stadtpläne von Mekka und vor allem den Grundriss der Großen Moschee. Salem hielt Tag und Nacht persönlichen Kontakt zu den Prinzen. Nach tagelangen Besprechungen und Versuchen, mit den Extremisten zu verhandeln, entwarf der Krisenstab einen Plan nach dem anderen, um die Rebellen mit Militärgewalt niederzuschlagen. Alle wurden wieder verworfen.

Dann erzählte Jeslam mir, sein Bruder Mahrus sei auf der Fahrt von Mekka nach Dschidda verhaftet worden. Die Polizei hatte in seinem Wagen eine Pistole gefunden. Mahrus war inzwischen streng religiös, obwohl er jahrelang wie ein Playboy gelebt hatte. Er trug sein Thob kurz, wie Jeslams Milchbruder Mafuz, um seine Fußknöchel zu zeigen, was als Zeichen strenger Einfachheit galt. Ansonsten war er für mich immer bloß einer von Jeslams Brüdern gewesen. Hatte Mahrus wirklich etwas mit der Verschwörung gegen die al-Sauds zu tun?

Schließlich holte man die berühmte französische Eingreiftruppe GIGN ins Land. Sie fluteten das Erdgeschoss der Moschee und töteten zahlreiche Terroristen. (Sie hatten dafür im Schnellverfahren zum Islam konvertieren müssen, um das Gebäude überhaupt betreten zu dürfen.) In einem Land ohne Journalismus schossen daraufhin die Gerüchte ins Kraut. Die Franzosen, so hieß es, hätten die Rebellen mit Stromschlägen getötet; die Franzosen wären gar nicht dabei gewesen; die Rebellen wären alle entkommen. Dann wurden, verstreut über das Land, Dutzende von Männern öffentlich hingerichtet.

Mahrus wurde aus der Haft entlassen. Ich wusste, dass es Gerüchte gab, er sei eine der Schlüsselfiguren der Rebellen gewesen und habe ihnen bei der Besorgung der Bin-Ladin-Lkws geholfen. Angeblich war er der einzige Verdächtige, den die Polizei wieder laufen ließ.

Aber die Bin Ladins sprachen nie wieder über seine Festnahme. Die Bin Ladins lebten möglichst unauffällig, aber wenn einer von ihnen in der Klemme steckte, hatten sie die Macht, ihn daraus zu befreien.

Dennoch, ich fühlte mich nicht mehr sicher in meinem makellos glatten Goldfischglas. In Saudi-Arabien konnte während jener langen, aufregenden Wochen wohl niemand mehr gut schlafen.

Anfang Dezember hörten wir von blutigen Unruhen in Qatif, einer Stadt an der Ostküste Saudi-Arabiens. Es waren zahlreiche Tote zu beklagen. In der Region lebte eine kleine Minderheit von Muslimen, die nicht dem Wahhabismus anhingen und die schlimmen Diskriminierungen ausgesetzt waren – sie waren Schiiten, wie die meisten Menschen im Iran. Die Schiiten waren, vielleicht beeinflusst durch Chomeinis Revolution im Iran, in diesem Jahr weitaus zahlreicher als sonst am Todestag von Prophet Mohammeds Enkel Hussein durch die Straßen gezogen. Angeblich hatte die Religionspolizei die Prozession auflösen wollen, und es war zu Krawallen gekommen. Die Zahl der Toten war unbekannt, aber die Ausschreitungen hatten mehrere Tage gedauert. Jeslams Panik wurde noch größer, und obwohl ich ihn zu beruhigen suchte, hatte auch ich Angst. Was würde aus uns allen werden?

Dann, knapp drei Wochen nach der Revolte in Mekka, marschierten sowjetische Truppen in Afghanistan ein. Das Weltgeschehen rückte uns bedrohlich nahe. Die Saudis, denen eine Revolution im Nachbarland und Gewaltausschreitungen sowie ein wachsender Radikalismus im eigenen Land schon genug zu schaffen machten, mussten jetzt auch noch erleben, wie sowjetische Panzer durch eine weitere Nation in ihrer Nähe rollten.

Der aggressive, atheistische, kommunistische Monolith hatte ein Land angegriffen, in dem arme und verdiente Muslime lebten. Die al-Saud-Prinzen waren fassungslos, wie alle Menschen in der muslimischen Welt. Nach wochenlanger Untätigkeit fanden die Prinzen, dass sie endlich beweisen müssten, wie sehr ihnen das Schicksal anderer Muslime am Herzen lag. Sie wollten den afghanischen Widerstand finanziell unterstützen.

Jeslam erzählte mir, dass die Bevölkerung in den Moscheen aufgerufen wurde, Geld, Ausrüstung und Altkleider für die afghanischen Widerstandskämpfer und die ersten Flüchtlinge zu spenden. Die Regierung versprach jedem eine stattliche finanzielle Hilfe, der freiwillig nach Afghanistan ging, um die tapferen Mudschaheddin, seine muslimischen Brüder, zu unterstützen.

Unter den Freiwilligen war mein Schwager Osama.

Osama hatte eben erst sein Studium abgeschlossen, als er sich der Sache der Afghanen verschrieb. Er machte sich unverzüglich auf den Weg – ohne irgendwelche Abschiedsfeiern. Mit seiner gewaltigen Körpergröße und seinen starren Überzeugungen war Osama zwar eine durchaus auffällige Erscheinung, aber er schien nicht gerade die ideale Besetzung für eine führende Rolle im afghanischen Widerstand zu sein. Dennoch reiste er von nun an immer wieder für längere Zeit nach Pakistan, wo er logistische Unterstützung leistete, um den freiwilligen Kämpfern die saudischen Hilfsmittel zuzuschleusen. Er half beim Aufbau von Sanitätslagern und Ausbildungsbasen in Pakistan. Schon bald lebte Osama ausschließlich dort und wurde zunehmend in den afghanischen Kampf hineingezogen.

Dann machte Osama immer häufiger Vorstöße über die Grenze nach Afghanistan. Wie seine Schwestern erzählten, die mit großer Ehrfurcht von ihm sprachen, wurde Osama zu einer Schlüsselfigur des Widerstandes gegen die sowjetischen Besatzer. Er brachte schweres Gerät ins Land und besorgte Leute, die Straßenbaumaschinen bedienen konnten, um Tunnel für Feldlazarette und Waffenlager auszuheben. Außerdem legte er Grabensysteme an, in deren Schutz afghanische Kämpfer sowjetische Stützpunkte angriffen. Wir hörten sogar, dass Osama selbst zur Waffe gegriffen und Mann gegen Mann gekämpft hatte.

Osama machte sich allmählich einen Namen. Er war nicht mehr nur der sechzehnte oder siebzehnte Bin-Ladin-Sohn. Er erntete Bewunderung. Er setzte sich für eine noble Sache ein. Osama war ein Kämpfer – ein saudischer Held.

Wie fast jeder in Saudi-Arabien spendeten Jeslam und ich für den afghanischen Widerstand. Wir packten alle Kleidungsstücke ein, die wir nicht mehr brauchten, und schickten Geld.

Osama war nicht das einzige Familienmitglied, dessen Treue zum Islam immer deutlicher wurde. Einige meiner Schwägerinnen, die ich immer als langweilige Heimchen am Herd angesehen hatte, verblüfften mich auf einmal durch ihr tatkräftiges Engagement für die Verteidigung islamischer Werte. Scheicha, eine von

Jeslams älteren Schwestern, brachte sogar persönlich eine riesige Lieferung von Hilfsgütern nach Afghanistan, um sie an Bedürftige zu verteilen. Natürlich hatte sie Leute dabei und erlebte auch keine Kampfhandlungen. Aber eins musste ich Scheicha lassen: Sie betete nicht bloß den Koran herunter und ließ sich über schickliches Verhalten aus; sie war eine Frau, die Mut zur Tat hatte.

Wie in allen Kriegen hatten auch in Afghanistan die Frauen die schlimmste Last zu tragen. Afghanistan war für jede Mutter ein real gewordener Albtraum: all die jungen Frauen und Kinder, die in die Flüchtlingslager strömten, elend im Regen hockten, von Männern mit rauen Stimmen wie Vieh zusammengetrieben wurden. Es war entsetzlich. Und es sollte noch schlimmer kommen, als die fundamentalistischen Taliban Jahre später die Macht übernahmen.

Das Jahr 1979 bedeutete für die gesamte islamische Welt einen Wendepunkt. Für mich war es, als wäre ein greller Scheinwerfer auf mein Leben gerichtet worden. Klarer denn je wurde mir bewusst, dass ich in einer Seifenblase lebte, die jeden Augenblick zerplatzen konnte, inmitten einer fremden Kultur, die vor Revolten und explosiver Gewalt nicht gefeit war.

Ich war noch so jung – Mitte zwanzig –, und wir waren erst fünf Jahre verheiratet. Aber ich hatte schon einen ganzen Berg von Verantwortungen und Sorgen. Ich musste meine Kinder beschützen. Der Gesundheitszustand meiner Mutter hatte sich verschlechtert. Offenbar hatten die Nachrichten aus dem Iran sie emotional sehr mitgenommen. Sie wollte trotz meiner Einladungen nicht zu uns nach Dschidda kommen, und ich sah mich außerstande, Saudi-Arabien zu verlassen.

Derweil hatte Jeslam nach wie vor Angstzustände. Er neigte neuerdings zu Albträumen und weckte mich manchmal mitten in der Nacht, um zur Beruhigung seiner Nerven mit mir eine Partie Backgammon zu spielen. Ich versuchte, ihn zu beruhigen. Und während die Welt außerhalb unserer vier Wände immer unsicherer wurde, musste ich mit ansehen, wie mein Mann sich in einen gereizten, kindlichen Fremden verwandelte.

13

Jeslam

Irgendetwas stimmte mit Jeslam grundsätzlich nicht, das wurde mir schließlich klar. Es war nicht bloß eine vorübergehende Laune. Er war ständig nervös. Er hatte Albträume. Er hatte Angst – besonders vor dem Tod. Er hatte auch diverse körperliche Beschwerden, die trotz endloser Untersuchungen und vieler Ärzte keinen genauen Befund ergaben – Bauchschmerzen, Atemnot, plötzliche Schweißausbrüche.

Seit der Mekka-Revolte hatte ich Jeslam nicht mehr richtig glücklich gesehen. Zuerst hatte ich das auf die politische Lage in Saudi-Arabien geschoben. Ich hatte gedacht, es sei auf den Schock von 1979 zurückzuführen und auf die unvorhersehbare Reaktion, dass Saudi-Arabien extrem von dem Weg abwich, den das Land, wie ich dachte, gehen würde.

Das Geld hatte Saudi-Arabien gewaltig verändert. Doch diese Veränderungen fanden nur an der Oberfläche statt. Mit Geld konnte man viele Dinge kaufen, aber es waren eben nur Dinge; in den Köpfen der Menschen änderte sich dadurch nichts. Die neuen Gebäude, die größeren Häuser, die modernen Geschäfte und die Urlaubsreisen nach Europa – das alles brachte noch keine Freiheit.

Das Geld zog Saudi-Arabien in Richtung moderne Welt, doch die starre, puritanische, selbstherrliche

Kultur zog das Land wieder zurück zu den extremen Restriktionen aufgrund der Tradition.

Wahhabitische Muslime glauben, dass die Wahrheit in der buchstabengetreuen Auslegung des Korans liegt. Niemand darf sich anmaßen, ihn an die moderne Zeit anzupassen. Wahhabiten haben einen strengen Sittenkodex. Er bestimmt alles. Sie blicken nach hinten, in den Rückspiegel, in die Zeit Mohammeds. Nachdem die Saudis es sich einige Jahre in ihrem neu gefundenen Wohlstand hatten wohl sein lassen, wurde deutlich, dass sie sich im Grunde nicht ändern wollten.

Vielleicht spielte sich in Jeslam ja ein ähnlicher Kampf ab. Er stand zunehmend unter Stress. Als Bakr und Salem angefangen hatten, ihn innerhalb der Firma auszubooten, hatte ich ihm zugeredet, sich das nicht gefallen zu lassen. Eine unterwürfige Frau – eine saudische Frau – hätte zu ihm gesagt: »*Ma'alesch,* so ist das Leben«, und ihm zugeredet, sich mit der Position abzufinden, die Gott ihm zugeteilt hatte, als Sohn Nummer zehn. Jeslam hätte sich der Führungsrolle seiner weniger kompetenten Brüder unterwerfen und Zuflucht in Religion und Tradition suchen können. Aber nicht mit mir – ich konnte das nicht zulassen, dazu war ich nicht der Typ. Ich wollte nicht, dass er klein beigab.

Ich bin eine Kämpferin, und ich bestärkte Jeslam darin zu kämpfen. Ich drängte ihn, sich seinen Brüdern zu stellen und etwas zu verändern. Ich erinnerte ihn daran, dass er schließlich cleverer und besser war als sie. Mir graute vor der Vorstellung, dass Jeslam sich den Traditionen seiner Kultur unterwarf, sich mit dem niederen Rang des zehnten Sohnes in einer Familie abfand, in der sich nie etwas veränderte. Ich wünschte mir verzweifelt, dass er daran arbeitete, in Saudi-Arabien Verbesserungen herbeizuführen – für mich und für unsere Töchter. Allein konnte ich in Saudi-Arabien nichts bewirken, schon gar nicht als Frau und Ausländerin.

Nur Jeslam, mit seiner Intelligenz und seinem Einfluss, konnte mir die Hoffnung geben, dass sich in dem Land doch noch der Wandel hin zu mehr Freiheit vollziehen könnte. Eine saudische Ehefrau hätte ihn vielleicht nicht so unter Druck gesetzt. Aber ich konnte seine Schwäche nicht hinnehmen – und ehrlich gesagt, auch ich geriet langsam in Panik.

Ich drängte Jeslam, eigene Wege zu gehen. 1980 ging er einfach nicht mehr in die Firma. Er eröffnete ein Broker-Büro in Dschidda und eine große Finanzierungsgesellschaft in der Schweiz mit hoch qualifizierten Mitarbeitern, die für die neureichen saudischen Kaufleute Investitionen tätigten. Der Erfolg stellte sich bald ein, und Jeslams Geschäfte liefen ausgezeichnet. Ich war stolz, dass ich Recht behalten hatte, und sagte zu ihm: »Wart's ab. Demnächst kommen Salem und Bakr angekrochen.« Und tatsächlich – sie boten Jeslam ein Gehalt an, wenn er ins Familienunternehmen zurückkam, das erste Mal, dass ein Mitglied der Familie über die Jahresdividende hinausgehend bezahlt werden sollte.

Jeslam besaß mittlerweile ein enormes Vermögen. Als ich ihn kennen lernte, belief sich sein Anteil am Bin-Ladin-Unternehmen auf schätzungsweise fünfzehn

Millionen Dollar. Das meiste davon steckte im Unternehmen und kam mir nie richtig real vor.

Jetzt hingegen, wo das Familienunternehmen florierte und Jeslam mit seinen Firmen gute Gewinne machte, belief sich sein persönliches Vermögen auf rund dreihundert Millionen Dollar. Er war einer der wohlhabendsten der Brüder – so reich wie Salem und Bakr. In praktischer Hinsicht wirkte sich der horrende Reichtum nicht sonderlich auf unser Leben aus. Wir flogen weiterhin mit normalen Fluggesellschaften. Ich kaufte nicht die Haute-Couture-Boutiquen leer. Aber ich wusste natürlich, dass wir steinreich waren, und ich fand, dass Jeslam allen Grund hatte, stolz darauf zu sein.

Aber Jeslam war nicht glücklich, obwohl er jetzt ein ungemein erfolgreicher Geschäftsmann war. Er arbeitete mehr, tagsüber im Familienunternehmen, nach dem Abendgebet in seiner eigenen Firma, und kam manchmal erst um neun oder zehn Uhr nach Hause. Unter den Brüdern gingen die Rivalitäten und die Streitereien genauso weiter wie die bösen Schläge unter die Gürtellinie, die Jeslam zermürbten und sein Ego unterhöhlten.

Nach außen hin pflegte er weiterhin freundlichen Umgang mit seinen Brüdern, aber ich wusste, dass es unter der Oberfläche brodelte. Einmal sagte Jeslam zu mir: »Salah war doch ständig bei uns. Jetzt hält er Bakr das Handtuch hin, wenn der sich die Hände wäscht.« Jeslam wurde zum Opfer böser Intrigen und übler Nachrede.

Denn Jeslam hatte einen unverzeihlichen Verstoß

gegen den ungeschriebenen Gesellschaftskodex begangen: Er hatte sich auf eigene Füße gestellt und sich damit über den ihm gebührenden Platz erhoben.

Es lag nicht allein an mir, dass Jeslam mit diesen gesellschaftlichen Konventionen gebrochen hatte. Er war auch persönlich sehr ehrgeizig. Er hörte auf mich, weil ich ihn in die Richtung lenkte, in die er selbst wollte. Jeslam hatte im Westen gelebt. Er hatte eine Kultur kennen gelernt, in der es als positiv galt, wenn jemand aus eigener Kraft etwas aus sich machte. Aber das war nur möglich, wenn man wie ein Mensch aus dem Westen dachte und handelte. Und Jeslam war Saudi.

Wäre er als Kind besser gefördert worden, dann hätten sich seine Talente richtig entfalten können, davon bin ich überzeugt. Aber seine Mutter war eine Fatalistin. »So ist Gottes Wille«, lautete einer ihrer Lieblingssprüche.

Ich gab Jeslam so viel Unterstützung, wie er meiner Ansicht nach brauchte. Aber die Widersprüche seiner Kultur zermürbten ihn. Ein Saudi – ein Bin Ladin – kann sich nicht mit seinen Brüdern anlegen oder mit ihnen brechen, weder geschäftlich noch sonst wie. Jeslam hatte also einerseits den starken Wunsch nach persönlicher Verwirklichung – wie es bei einem Mann im Westen der Fall wäre –, und andererseits die innere Sehnsucht, ergeben auf dem Platz zu verharren, der ihm in seiner traditionsgebundenen Kultur gebührte.

Jeslam war hin- und hergerissen zwischen zwei unvereinbaren Impulsen: den modernen, westlichen Ambitionen, die er in seiner Zeit im Ausland verinnerlicht hatte, und der traditionellen Starrheit der saudischen

Lebensart. Heute kann ich das sehen. Damals jedoch sah ich nur, wie sehr mein Mann litt, und er kam mir plötzlich schwach und distanziert vor.

Jeslam konsultierte unentwegt alle möglichen Fachärzte im Ausland – saudische Ärzte machten ihn nervös. Da seine Probleme meiner Überzeugung nach eher psychischer denn physischer Natur waren, riet ich ihm zu einem Psychiater, doch Jeslam wollte nicht.

Ich versuchte so gut ich konnte, ihm seine nervöse Unruhe zu nehmen. Ich spielte zahllose nächtliche Partien Backgammon mit ihm, wenn er nicht schlafen konnte. Ich redete beruhigend auf ihn ein. Dann fand ich in Dschidda einen Arzt aus dem Westen, mit dem Jeslam gut klarkam. Matthias Kalina leitete das Militärkrankenhaus. Er und seine Frau Sabine wurden gute Freunde von uns. Noch Jahre später, als die beiden schon in Kanada lebten, ließ Jeslam Dr. Kalina regelmäßig in die Schweiz einfliegen, um mit ihm über seinen Gesundheitszustand zu sprechen. Dr. Kalina verschrieb Jeslam Temesta gegen seine nervöse Anspannung. Doch Jeslam teilte jede Tablette in kleinste Stücke, von denen er immer nur eins nahm – die Wirkung war natürlich gleich null.

Jeslam hatte auf einmal Flugangst, also begleitete ich ihn auf seinen Geschäftsreisen, die wir in die Zeit legten, wo die Kinder schulfrei oder Ferien hatten, damit sie auch mitkommen konnten. (Ich ließ sie nie allein in Saudi-Arabien, nicht einmal übers Wochenende.) Jeslam konnte auch keine größeren Menschenansammlungen mehr ertragen. Einmal flogen wir in den Sommerferien nach Los Angeles, wo wir in Ibrahims Haus wohnten: In den sechs Wochen, die wir dort verbrachten, verließen wir höchstens dreimal das Haus, abgesehen von den üblichen Arztbesuchen.

Jeslam wurde mir fremd. Aus Liebe und auch weil ich ihn brauchte, wollte ich mir nicht richtig eingestehen, wie es um ihn stand. Ich wollte, dass er der kluge, emanzipierte Mann blieb, den ich geheiratet hatte. Ich sehnte mich nach dem liebevollen, aufmerksamen Vater und dem zuverlässigen, treu sorgenden Ehemann, der er für mich gewesen war. Ich kam einfach nicht zurecht mit diesem verschlossenen, verängstigten Fremden, der er jetzt war. Ich musste mir vormachen, dass es lediglich Stimmungen waren – etwas Vorübergehendes.

Außer mir merkte wahrscheinlich niemand, dass etwas nicht in Ordnung war. Mein Mann war Experte darin, sich nach außen hin so zu geben, als ginge es ihm bestens. Doch in Wirklichkeit hatte Jeslam eine Art Nervenzusammenbruch.

Das Ganze hatte ein sehr persönliches und sehr einschneidendes Erlebnis für mich zur Folge. Im Sommer 1981 stellte ich fest, dass ich wieder schwanger war. Wir machten gerade mit den Kindern in Genf Urlaub, und ich war zunächst überglücklich. Angesichts unserer beiden Töchter war es vielleicht nicht sehr rational, aber ich war überzeugt, dass wir jetzt einen Sohn bekommen würden.

Ich lief zu Jeslam und teilte ihm die frohe Neuigkeit mit, fest davon überzeugt, dass er sich genauso freuen würde wie ich. Doch sein Gesicht nahm einen seltsamen Ausdruck an, wie ich ihn nie zuvor bei ihm gesehen hatte. Er sagte, er habe immer höchstens zwei

Kinder gewollt und glaube nicht, dass er einem weiteren Kind schon gewachsen wäre, wo es ihm doch erst allmählich wieder besser ging. Er bat mich, eine Abtreibung vornehmen zu lassen.

Ich war wie vor den Kopf gestoßen. Meine Freude wich einem Gefühlschaos. Ich wollte Jeslam helfen. Ich war überzeugt, dass ein Mann nicht zu seinem Vaterglück gezwungen werden sollte. Jeslam hatte so heftig reagiert – so unnachgiebig –, dass ich fürchtete, er würde das Kind stets ablehnen, wenn ich es gegen seinen Willen bekam. Vielleicht erst recht, wenn es wieder ein Mädchen wurde.

Sosehr ich mir das Kind auch wünschte, ich erklärte mich zu einer Abtreibung bereit.

Wir kehrten nach Saudi-Arabien zurück. Ich dachte, ich könnte die Sache hinter mir lassen. Doch ich hatte mir selbst ein psychisches Loch gegraben, aus dem ich nie wieder so ganz würde herausklettern können. Ich konnte zwar meine Gedanken abschalten, wenn ich wach war, nicht aber meine Träume. Ich hatte Albträume, in denen mir stets Waffa und Nadscha weggenommen wurden. Ich hatte ein Kind vernichtet, und ich verdiente es nicht mehr, Mutter zu sein.

Das Leben wurde dunkel und trist. Ich war deprimiert. Ich hatte das Gefühl, etwas Schreckliches getan zu haben.

Ich war wütend auf mich: Ich hatte nicht die Willenskraft gehabt, meinem Mann die Stirn zu bieten. Ich hatte immer alles für Jeslam getan, aber jetzt hatte ich das Gefühl, dass er etwas Unerträgliches von mir verlangt hatte – etwas, das er niemals hätte verlangen dürfen. Er hatte sich maßlos egoistisch verhalten. Und obwohl Jeslam sah, wie entsetzlich ich unter der furchtbaren Entscheidung litt, die ich seinetwegen getroffen hatte, verhielt er sich, als wäre nichts Weltbewegendes geschehen. Als wäre mir ein Zahn gezogen worden.

Aber ich wusste, dass ich etwas Furchtbares getan hatte. Ich hatte mein ungeborenes Kind im Stich gelassen, und mein Mann hatte uns alle im Stich gelassen.

Wir machten eine schlimme Phase durch. Ich war sehr unglücklich. Aus heutiger Sicht weiß ich, dass ich Depressionen hatte. Zwar bemühte ich mich, für die Kinder unser gewohntes Leben in Gang zu halten, aber es war alles so freudlos. Ich fühlte mich allein, und das war eine quälende, neue Erfahrung. Ich hatte immer in dem Glauben gelebt, mich auf Jeslam verlassen zu können. Jetzt jedoch wollte oder konnte Jeslam mir nicht die Unterstützung geben, die er stets von mir bekommen hatte, wenn er mich brauchte.

Vielleicht war das der Anfang vom Ende.

14

Kleine Mädchen

Auch in meinen dunkelsten Phasen versuchte ich so gut ich konnte, meine Töchter zu freien Menschen zu erziehen – ihren Persönlichkeiten Raum zur Entfaltung zu geben. Ich wollte hinter den hohen Mauern, die unser Haus umgaben, eine kleine Freizone schaffen, wo wir möglichst normal leben konnten – wo ich versuchen konnte, die Unterschiede zwischen meinen Werten und denen der Welt da draußen einigermaßen in Einklang zu bringen. Ich kaufte den Kindern Fahrräder und Rollschuhe und brachte ihnen in Haifas Pool Schwimmen bei. Die Mädchen hörten beide gern Musik; ständig studierten sie irgendeinen Popsong ein und gaben ihn dann vor Jeslam und mir zum Besten. Ihre ganze Kindheit hindurch hatten meine lustigen kleinen Mädchen Spaß daran, zu schauspielern, sich zu verkleiden und Songs von meinem Idol Elvis nachzusingen.

Aber Tanzunterricht war in Saudi-Arabien ein Ding der Unmöglichkeit. Auch hätten meine Töchter kein Instrument lernen können, obwohl sie klassische Musik über alles liebten. Als Waffa erst drei Jahre alt war, bat sie mich einmal, ein Klavierkonzert von Tschaikowsky aufzulegen, das sie sich dann wie gebannt in voller Länge anhörte. »Leg die ›Große Musik‹ auf, Mama, *la grande musique.*«

Eine Freundin von mir kam mich an dem Nachmittag besuchen, und ich weiß noch, wie perplex sie war, als sie Waffa reglos und aufmerksam ganz dicht vor dem Lautsprecher sitzen sah. Waffa war wirklich begabt, glaube ich, sie war etwas Besonderes. Doch die einfache, normale Förderung der musischen Talente meiner Töchter war in Saudi-Arabien ausgeschlossen. Es wurde einfach nirgendwo Musikunterricht angeboten.

Ich tat mein Bestes, ihnen die Kindheit zu geben, nach der ich mich gesehnt hatte. Ich lud auch hin und wieder ausländische Familien zu uns ein, die Jungen im Alter meiner Töchter hatten. Manchmal blieben sie sogar über Nacht. Ich wollte, dass Waffa und Nadscha Jungen einfach als Menschen sahen, so wie sie waren – eine Erfahrung, die ihren kleinen Cousinen nicht vergönnt war. Für die Bin-Ladin-Cousinen waren Jungen etwas Fremdartiges, feindlich und mächtig – selbst wenn sie Brüder hatten. Das wollte ich meinen Töchtern ersparen.

Aber ich verlangte auch einiges von ihnen. Da es ihnen materiell an nichts fehlte, wollte ich, dass sie von klein auf den Wert von Arbeit verstanden, um die Arbeit anderer richtig schätzen zu können. Das war mir ungeheuer wichtig.

Jeslam und ich reisten so oft wir konnten in die Schweiz, wo wir in einem kleinen Dorf außerhalb von Genf ein Haus gekauft hatten. Dort konnte ich leben, wie ich wollte, anziehen, was ich wollte. Ich konnte allein mit dem Auto ins Kino fahren – ich konnte allein auf die Straße gehen. Ich brachte den Kindern Skifahren bei und kaufte mir wie besessen Bücher, um die langen, trostlosen Monate in Dschidda zu überstehen.

Mir graute stets vor der Rückkehr nach Saudi-Arabien. Auch für die Kinder war der Übergang von einer Welt in die andere manchmal brutal. Als sie klein waren, versuchten sie immer, mir den Schleier vom Gesicht zu ziehen, wenn ich mir kurz vor der Landung in Dschidda die Abaja überzog. Als sie größer wurden, taten sie das nicht mehr. Ich wusste nicht, was schlimmer war. Eines Nachmittags im Frühling 1981 wurde mir schlagartig klar, dass meine Mädchen bald in die Schule kamen.

Bis heute gibt es in Saudi-Arabien für Mädchen keine Schulpflicht. Viele saudische Männer schicken ihre Töchter nicht zur Schule, und nur wenige halten es für wichtig. Auch die staatliche Ausbildung für Jungen ist noch gar nicht so alt: Bis zum Zweiten Weltkrieg gab es lediglich traditionelle Schulen, in denen Arabisch, ein bisschen islamische Geschichte und der Koran unterrichtet wurden. Anfang der 1960er Jahre setzte sich dann Prinzessin Iffat, die Frau von König Faisal, gegen den heftigen Widerstand islamischer Führer durch und eröffnete Saudi-Arabiens erste Mädchenschule Dar el Hanan. Und die, so Jeslams Vorschlag, sollten die sechsjährige Waffa und die vierjährige Nadscha besuchen.

Ich wusste, dass es schwer für sie werden würde, aber ich hatte keine Wahl. Saudische Kinder durften nicht auf ausländische Schulen. Meine Mädchen waren obendrein Bin Ladins. Ich konnte sie nicht aus der Kultur ihres Vaters herauslösen. Sie würden sich dieser

Herausforderung stellen müssen, noch dazu zum ersten Mal ganz allein.

Ich hatte die Kinder gegen vieles in Saudi-Arabien abgeschirmt, mit der Folge, dass sie nicht einmal richtig Arabisch konnten. Jetzt versuchte ich, sie so gut es ging vorzubreiten, sagte ihnen, dass sie Freundschaften schließen und Arabisch lernen würden und dass das bestimmt ganz toll werden würde. Ich sah ihnen nach, als sie in ihren dunkelgrünen Trägerröcken und weißen Rüschenblusen in die Klassen gingen, und mir wurde schwer ums Herz. Sie weinten nicht.

Saudische Kinder sind gescheit und fröhlich, wie alle Kinder überall auf der Welt. Manche werden vielleicht von ihren Kindermädchen und Müttern verwöhnt, manche könnten gehorsamer sein, manche Jungen – die als überlegen gelten – sind vielleicht nicht nett zu ihren Schwestern. Aber Kinder sind Kinder, und es ist unmöglich, den Funken ihrer natürlichen Intelligenz zu löschen.

In anderer Hinsicht jedoch waren die saudischen Kinder anders als meine. Kinder in Saudi-Arabien lernen von klein auf, sich an ein strenges gesellschaftliches Regelwerk zu halten. Ihnen wird regelrecht eingeimpft, dass Frauen Männern untergeordnet sind und ihnen zu gehorchen haben. Wenn Haifa mit ihrem ältesten Sohn – der erst zehn oder zwölf war – im Auto unterwegs war, befahl er ihr barsch, den Schleier vors Gesicht zu halten, wenn er Männer kommen sah. Kleine Mädchen wussten, dass sie beim Gehen, beim Reden und in der Art, wie sie sich kleideten, möglichst unauffällig zu sein hatten. Sie mussten unterwürfig, lieb und gehorsam sein: Es war zum Beispiel ganz normal, dass ein kleiner Junge seine Schwester mit einem Wink aufforderte, ihm ihren Sitzplatz zu überlassen.

In der Schule wurde an den Kindern eine Art Gehirnwäsche vollzogen. Ich habe das bei meinen Töchtern erlebt. In Fächern wie Arabisch, Mathematik, Geschichte ging es nicht darum, den Kindern ein richtiges Verständnis der Materie zu vermitteln, sondern sie mussten alles auswendig lernen und aufsagen. Sport, Diskussionen, Spiele, Spielzeug? Fehlanzeige. Religiöse Erziehung war das wichtigste Fach überhaupt und wurde jeden Tag mehrere Stunden unterrichtet.

Als Waffa sieben oder acht war, warf ich einmal einen Blick in ihr Schulaufgabenheft und sah, was sie an einer Stelle mit ihrer Kinderhandschrift auf Arabisch geschrieben hatte. »Ich hasse die Juden«, stand da. »Ich liebe Palästina.« Was stellte die Schule bloß mit meiner Tochter an? Wenn sie je irgendwen hassen sollte, dann sollte sie einen triftigen Grund dafür haben. Von dem Konflikt zwischen Arabern und Israelis hatte sie doch noch keine Ahnung.

Gleich am nächsten Tag ging ich zu der Schulleiterin und sagte: »Meine Tochter weiß nicht, wo Palästina liegt. Sie weiß nichts über Israel. Sie hat noch nicht mal Geographieunterricht. Wie können Sie ihr Hass beibringen, wenn sie von der ganzen Sache keine Ahnung hat?«

Die Schulleiterin, eine kleine, aber strenge Frau, ließ sich durch meinen Protest nicht beeindrucken. »Sie können sich darüber kein Urteil erlauben«, erwiderte sie. »Sie sind Ausländerin, Sie verstehen das nicht. Weiß Ihr Mann, dass Sie sich hier beschweren?«

Ich bemühte mich, die Fassung zu bewahren. Ich sagte, mein Mann würde meine Einstellung kennen und er werde sie anrufen. Dann fuhr ich nach Hause, rief Jeslam an und bat ihn, die Schulleiterin anzurufen und ihr zu sagen, dass ich für die Erziehung der Kinder verantwortlich sei.

Es war ein kleiner Sieg – die Schulleiterin sollte wissen, dass Jeslam mir die Kinder voll und ganz anvertraut hatte, was in Saudi-Arabien eine echte Ausnahme darstellte. Aber im Grunde waren mir die Hände gebunden. Ich konnte nicht verhindern, dass die Schule meinen Töchtern nicht nur Lesen und Schreiben beibrachte, sondern auch versuchen würde, ihnen blinden Hass einzutrichtern. Ich hatte keine Wahl. Ich musste die Mädchen jeden Tag von acht Uhr morgens bis zwei Uhr nachmittags der Schule ausliefern. Damit musste ich mich einfach abfinden, und es war nur ein Punkt auf einer immer länger werdenden Liste von Dingen, mit denen ich mich widerwillig abzufinden hatte.

Aber ich war ihre Mutter, und ich konnte meine Kinder beeinflussen, Schule hin oder her. Ganz bewusst fing ich an, den Mädchen beizubringen, ihren Verstand zu benutzen – logische Schlüsse zu ziehen, selbstständig zu denken. Ich holte sie jeden Tag um zwei Uhr von der Schule ab, und beim Mittagessen sprachen wir oft über die aktuellen Nachrichten oder religiöse Toleranz – natürlich kindgerecht. Ich überlegte mir Beschäftigungen für sie nach der Schule – Spiele mit Playmobil und Plastilin, und Sport. Die Mädchen sollten auch ein Instrument lernen. Vielleicht, so überlegte ich, wäre es nicht schlecht eine Privatlehrerin zu engagieren.

Ich ließ mich nicht dadurch beeindrucken, dass Waffa gute Noten in der Schule bekam: Als eine Bin Ladin würde sie auf jeden Fall gute Noten bekommen, ob verdient oder nicht. Alles wurde auf diese Weise beschönigt. Und wenn Waffas Zensuren verdient waren, dann besagten sie nur, dass sie ein gutes Gedächtnis hatte – nicht dass sie den Unterrichtsstoff verstanden hatte.

Als es mir irgendwann reichte, sprach ich mit Waffas Klassenlehrerin und bat sie, meine Tochter genauso zu behandeln wie alle anderen. Ein paar Tage später kam Waffa weinend nach Hause: Ihre Lehrerin hatte ihr eine Ohrfeige gegeben. Ich ging wieder zu der Lehrerin, nicht um mich zu beschweren, sondern um ihr zu sagen, dass ich Schläge nicht für die beste Disziplinierungsmaßnahme hielt. Die Frau erwiderte aufgebracht, sie habe Waffa nicht geschlagen, Waffa habe gelogen. Sie fragte die Kinder: »Waffa lügt, nicht wahr? Ich habe sie nicht geschlagen, nicht wahr?« Aber eine Schülerin aus der Klasse, auch eine halbe Ausländerin, hob tapfer die Hand und sagte, Waffa habe die Wahrheit gesagt. Das arme Mädchen hatte bis zum Schluss des Schuljahres nichts mehr zu Lachen.

Mir wurde rasch klar, dass meine Interventionen in der Schule nichts brachten, doch ich wollte auch nicht tatenlos zusehen, wie meine Kinder in einem solchen Geist erzogen wurden. Sosehr es mir widerstrebte, die Mädchen auch noch nach der Schule zu belasten, hielt ich es dennoch für unerlässlich, eine Privatlehrerin zu engagieren, der ich erklärte, worum es mir ging: Meine Kinder sollten den Unterrichtsstoff verstehen, nicht auswendig lernen. Die Lehrerin fragte nicht nach, was ich meinte, obwohl sie es nicht genau verstanden hatte – das hätte sie als Saudi nicht zugeben können, weil es Gesichtsverlust bedeutet hätte. Aber ich merkte ihr an, dass sie sich redlich Mühe gab. Und ich glaube, irgendwann musste sie einsehen, dass es eine bessere Art zu lernen war. Sie rettete meiner Waffa und Nadscha auf jeden Fall den Verstand.

Ein anderes Mal kam Waffa wieder weinend nach Hause. In der Schule war Musik gespielt worden, und sie hatte dazu getanzt. Eine Klassenkameradin hatte sie angefaucht, sie solle aufhören. »Das ist *haram*«, hatte sie zu Waffa gesagt, »Tanzen ist *haram*. Was weißt du eigentlich?« Was antwortet man einem Kind, wenn es fragt, ob Tanzen eine Sünde ist? »Tanzen ist nicht *haram*«, beruhigte ich sie. »Du kannst ruhig tanzen.«

Ich hätte ihr raten sollen, lieber zu Hause zu tanzen, wo es niemand sieht. Solche Dinge könnten ihr irgendwann einmal Schwierigkeiten einbringen. Aber wer sagt seinen Kindern schon gern, dass Musik und Tanzen Sünden sind? Es genügte, dass diese zahllosen, endlosen, dummen, gemeinen kleinen Restriktionen *mir* ein rotes Tuch waren. Ich wollte nicht auch noch meine Töchter damit belasten.

Während ich meine Mädchen großzog, kamen mir häufig die Worte von Chalil Gibran in den Sinn:

»Eure Kinder sind nicht eure Kinder.
Es sind die Söhne und Töchter der Sehnsucht des Lebens nach sich selbst.

Sie kommen durch euch, aber nicht von euch, und obwohl sie bei euch sind, gehören sie euch nicht.
Ihr könnt ihnen eure Liebe schenken, aber nicht eure Gedanken, sie haben nämlich ihre eigenen Gedanken.
Ihr könnt ihre Körper beherbergen, aber nicht ihre Seelen; ihre Seelen wohnen nämlich im Haus der Zukunft, das ihr nicht besuchen könnt, nicht einmal im Traum.
Ihr könnt danach trachten, wie sie zu sein, aber lasst sie nicht werden wie ihr.
Denn das Leben geht nicht zurück und es verweilt auch nicht im Gestern …«

Meine Kinder waren mein Ein und Alles. Ich versuchte, ihnen meine Liebe zu geben und ihnen ihre eigenen Gedanken zuzugestehen. Doch um mich herum wurden die Kinder ganz anders erzogen. In Saudi-Arabien haben die Menschen eine andere Vorstellung davon, was Respekt bedeutet. Ein Kind widerspricht niemals seinem Vater. Für mich ist Respekt aber sehr viel mehr – das habe ich von Mary Martha gelernt. Ich finde, einem Menschen, den man liebt, muss man auch schwierige Dinge sagen können – oberflächliche Eintracht ist was für Fremde. Ich wollte, dass meine Kinder mehr wussten als ich, klüger waren als ich, anderer Meinung sein konnten als ich und es mir auch sagten.

Ich respektierte den Charakter und die Ansichten meiner Kinder genauso, wie ich wollte, dass sie vor meinem Charakter und meinen Ansichten Respekt hatten. Ich wollte mir den Respekt meiner Kinder durch mein Handeln verdienen. Meine Kinder sollten sich nicht zu

Gehorsam verpflichtet fühlen. Sie sollten sich nicht einschüchtern lassen. Sie sollten Nein zu mir sagen können, denn dann würden sie auch Nein zu anderen sagen können – und zu den Menschen heranwachsen, die sie gern sein wollten.

Dagegen lernten meine Mädchen in der Schule die Angst vor dem Höllenfeuer. Sie machten sich plötzlich Sorgen um meine Seele. »Wenn du nicht betest, Mummy, kommst du in die Hölle«, sagte Nadscha manchmal zu mir und schaute mich mit ihren großen, unschuldigen Augen an. Es gab mir jedes Mal einen schmerzhaften Stich, wenn ich sah, wie sorgenvoll sie blickte. Ich erwiderte dann, dass mein Glaube eine Sache zwischen Gott und mir sei, dass es am wichtigsten sei, anderen zu helfen und ihnen nicht zu schaden. Ich sagte meinen Mädchen, sie sollten nicht deshalb beten, weil sie Angst vor der Hölle hätten. Man betet nicht, damit man dafür von Gott was bekommt, erklärte ich: Man betet, damit man inneren Frieden findet. Über das gleiche Thema hatte ich schon oft mit meiner Schwägerin Raffa diskutiert.

Manchmal machten solche Diskussionen Raffa und mir großen Spaß, obwohl sie letztlich sinnlos waren – Raffas Gewissheit war unanfechtbar. Doch die Gespräche mit meinen Kindern zeigten irgendwann Wirkung – vielleicht mehr, als mir lieb war. Eines Tages verfügte der König, dass alle Kindermädchen in Saudi-Arabien zum Islam konvertieren müssten. Unser philippinisches Mädchen Dita sagte zu Waffa und Nadscha, der König solle sich schämen, weil er gesagt habe, dass ihre Religion nicht richtig sei. Waffa fragte sie, ob sie an den Islam glaube, und als Dita verneinte, reagierte sie entrüstet. »Wieso sollst du *deine* Religion ändern, wenn du noch immer an sie glaubst?«, fragte sie Dita. »Was würden denn dann deine Eltern von dir denken? Meine Mummy wird bestimmt nicht wollen, dass du deine Religion änderst.«

Ich fand es lieb von meiner kleinen Tochter und auch überraschend scharfsichtig für eine Siebenjährige, und als wir am selben Tag bei meiner Schwiegermutter zum Mittagessen waren, erzählte ich ihr die Geschichte. Om Jeslams Reaktion verblüffte mich. Sie blickte finster und sagte: »Du hast ihr die Tür zum Paradies verschlossen.« Waffa hatte in ihrem Alter schon verstanden, dass es allein um Ditas Glauben ging – nicht um den Anschein des Glaubens. Meine Schwiegermutter dagegen war überzeugt, dass so zu tun, als sei man Muslimin, unendlich viel besser war, als eine gläubige Katholikin zu sein.

Ich befürchtete zunehmend, dass ich den Kindern keinen Gefallen damit tat, sie mit westlichen Gedanken und Vorstellungen großzuziehen. Es schien, als entwickelten wir langsam, unmerklich zwei unterschiedliche Denkarten, genauso wie wir für die Schweiz und für Saudi-Arabien zwei unterschiedliche Garderoben hatten. In Genf liefen die Kinder in T-Shirts und kurzen Hosen herum, und ich trug am Strand von Cannes einen Bikini. Die Kinder gingen reiten und lernten Wasserski. Jeslam erlaubte das alles, weil sie klein waren – es spielte keine Rolle. Und es zählte ohnehin nicht, weil sie ja im Ausland waren.

Aber die Kleidung, die in Genf schön aussah, konnten wir in Dschidda nicht tragen – nicht mal zu Hause. Bei den Menschen, die wichtig waren, mussten wir den Schein wahren. Ich musste höllisch aufpassen. Ich sah, dass die älteren Cousinen meiner Kinder längere und dezentere Röcke trugen. Als sie älter wurden, kamen auch immer weniger Cousinen zu Waffas und Nadschas Geburtstagspartys. Es war nicht mehr schicklich, dass sie mit Jungen herumtobten. Viele von den Mädchen, die noch immer kamen, verhielten sich steif – nicht mehr wie Kinder. Sie hatten es verlernt, zu kreischen und herumzurennen, zu spielen oder zu tanzen.

Meine Kinder betraten jetzt eine Welt, die nicht die meine war. Als ich das erste Mal eine von ihren Cousinen mit Schleier sah, entfuhr mir ein »Jetzt schon?«. Die abstrakte Vorstellung, dass meine Kinder groß wurden, nahm allmählich realere Züge an. Nicht mehr lange, und Waffa würde sich in Dunkelheit hüllen müssen. Es gab einen kleinen Spielraum: Streng religiöse Familien verschleierten ihre Mädchen mit neun Jahren, andere warteten damit bis zur Pubertät, bis zum Alter von zwölf oder dreizehn. Aber jedes Mädchen musste sich in der Öffentlichkeit verschleiern, sobald sie ihre erste Periode hatte. Mir graute vor dem Tag, aber ich bemühte mich, Ruhe zu bewahren. Ich trug die Abaja ja schließlich selbst: Davon ging die Welt nicht unter, es war einfach eine lächerliche Unbequemlichkeit.

Allerdings konnte ich nicht die Augen davor verschließen, dass Saudi-Arabien immer tiefer in einen unbeugsamen Fanatismus abglitt. Ich hatte nicht mehr die Hoffnung, dass meine Töchter eines Tages frei entscheiden dürften, ob sie den Schleier trugen oder nicht. Ich sah mir meine Abaja an, die mit feiner Silberstickerei verziert war. Sie kam mir hässlich vor, ein abstoßendes Kleidungsstück, gruselig schwarz und beängstigend wegen allem, was sie symbolisierte. Ich begriff plötzlich, dass ich meine Kinder in Gefahr brachte: Ich erzog sie zu Menschen, für die Freiheit, Toleranz und Gleichberechtigung grundlegende Werte waren, und formte sie damit gleichzeitig zu Frauen, die sich gegen eine Gesellschaft auflehnen würden, die sie einsperren wollte. Der Mord an Prinzessin Misch'al hatte mir schließlich unmissverständlich vor Augen geführt, dass eine rebellische Frau in Saudi-Arabien aus dem Weg geräumt werden konnte.

Ich war Ausländerin, und mein Mann war freundlich und verständnisvoll. Aber kein anderer Bin Ladin – keiner der saudischen Männer, die ich kannte – hätte meine westlichen Werte tolerieren können. Würden Waffa und Nadscha ein so einfaches Leben haben wie ich? Oder würden sie solche Männer haben wie den mürrischen, reservierten Bakr? Wie Mahrus, der ehemalige Playboy, der zu einem islamischen Hardliner mutiert war? Oder, ein noch schrecklicherer Gedanke, wie der streng puritanische Osama? Saudische Männer waren einfach unberechenbar: Ein scheinbarer Liberaler konnte binnen weniger Monate streng religiös werden und von seiner Frau verlangen, sich strikt an die islamischen Gesetze zu halten.

Ich hatte mir meinen Mann selbst ausgesucht. Ich empfing männliche Gäste in unserem Haus und gab Dinnerpartys. Würden meine Kinder später die gleiche Entscheidungsfreiheit haben? Oder würden sie einen

Cousin heiraten, den möglicherweise die Familie für sie ausgesucht hatte und dem sie, komme was da wolle, für den Rest ihres Lebens mit Leib und Seele ausgeliefert wären?

Die Ehen meiner Töchter könnten zerbrechen. Auch meine Ehe könnte irgendwann scheitern. In Saudi-Arabien, wo der Ehemann den Schlüssel zu den einzigen, kleinen Freiheiten, die eine Frau sich erhoffen kann, in der Hand hält, hätte das noch sehr viel weitreichendere Folgen.

Das Wort »Islam« bedeutet so viel wie Ergebenheit. Inzwischen war mir Ergebenheit ein Graus. Ich hatte schon zu oft erlebt, wie Frauen die Kinder, die Unabhängigkeit, das eigene Denken geraubt wurden. Aber was für ein Leben stand meinen Mädchen bevor, wenn sie nicht ergeben waren?

Der Gedanke machte mir zu schaffen. Ich hatte die freie Wahl gehabt, und ich hatte mich für ein Leben entschieden, das mir viele kleine und einige große Einschränkungen aufbürdete. Doch durch diese Entscheidung hatte ich meinen Töchtern die Entscheidungsfreiheit genommen, die ich gehabt hatte. In meinen Albträumen sah ich, wie meine kleinen Mädchen zu saudischen Frauen heranwuchsen – gebeugt unter der Last ihrer Unterwürfigkeit, in Dunkelheit gehüllt. Wenn ich abends lange auf unserer Terrasse stand und in die leere Wüste starrte, sah ich nicht einmal mehr die schwarzen Vögel, die am Himmel kreisten. Das Einzige, was ich wahrnahm, waren die an mir nagenden Sorgen in meinem Kopf.

15

Ein saudisches Paar

Jeslam wurde immer seltsamer, und ich merkte, dass ich innerlich stärker auf Distanz zur Familie Bin Ladin ging. Ich lebte nur noch auf die Schulferien hin – ich zählte die Tage, bis wir endlich wieder nach Europa oder in die Vereinigten Staaten konnten –, um meine Vorstellung von Freiheit zu leben.

Dann verlobte sich Jeslams jüngere Schwester Fauzia, und es verstand sich von selbst, dass die Feier in unserem Haus in Dschidda stattfinden musste. Jeslam war nicht nur mein gesetzlicher Vormund, sondern auch Fauzias Familienoberhaupt.

Von allen Frauen der Bin-Ladin-Familie kannte ich Fauzia am besten. Ich hatte sie länger und intensiver erlebt als die anderen. Wir hatten ein Jahr unter einem Dach gewohnt, und sie war Jeslams einzige Vollschwester – Om Jeslams einzige Tochter. Weil sie ein Mädchen war, hatte Fauzia kein Internat im Ausland besucht, sondern immer bei ihrer Mutter gelebt, und bis zu ihrer Heirat hatten die beide sogar ein gemeinsames Schlafzimmer.

Fauzia war sehr eingebildet. Sie war hübsch – sie hielt sich für die hübscheste der Bin-Ladin-Schwestern. Als Vollschwester meinte sie ein Anrecht darauf zu haben, im Leben ihrer Brüder eine größere Rolle zu spielen als deren Frauen.

Ich hätte mir ein engeres Verhältnis zu Fauzia gewünscht, aber es ging nicht – ich spürte, dass sie auf meine besondere Beziehung zu ihrem Bruder eifersüchtig war. Außerdem war ihr klar, dass ich sehr wohl registrierte, mit welchen Tricks sie ihrem zukünftigen Mann oder ihren Brüdern irgendwelche Vergünstigungen abluchste.

Ich bin ein sehr direkter Mensch. Wenn ich etwas von Jeslam wollte, dann bat ich ihn einfach darum. Als meine Mutter einmal in finanzielle Schwierigkeiten geriet, bat ich Jeslam, ihr zu helfen, was er auch prompt tat. Ich hielt mit meiner Meinung nicht hinterm Berg, wenn mir etwas wichtig war, und Jeslam und ich debattierten offen darüber.

Fauzia war dagegen nicht zu so einem klaren, direkten Verhalten erzogen worden. Wie viele saudische Frauen hatte sie gelernt, Männer auf subtilere, indirekte Weise zu manipulieren, um ihren Willen durchzusetzen. Wenn saudische Frauen ins Ausland wollten, schoben sie irgendeinen plausiblen Grund vor, zum Beispiel einen Arzttermin. Wenn sie Geld brauchten, um sich etwas zu kaufen, fingierten sie irgendwelche Ausgaben für den Haushalt und nahmen dann das Geld für ihre persönlichen Zwecke.

Meine Schwägerinnen zweigten regelmäßig etwas vom Haushaltsgeld in ihre Privatkasse ab. Einmal wollte ich für Freunde im Ausland Geschenke einkaufen, und Jeslam gab mir 200.000 Riyal (zirka 50.000 Dollar). Ich ging mit einer meiner Schwägerinnen auf den Gold-Souk, und als wir zurückkamen, zeigte ich Jeslam, was wir erstanden hatten, und sagte: »Es sind noch 60.000

Riyal übrig geblieben.« Zur Verblüffung meiner Schwägerin legte ich das Geld auf den Wohnzimmertisch. Sie schimpfte: »Dein Mann hat dir das Geld doch gegeben. Also behalt gefälligst den Rest!«

Aber Jeslam und ich gingen ganz anders miteinander um. Wir hatten fast immer eine Schatulle mit Bargeld im Haus – 200.000 Riyal, manchmal auch das Zehnfache –, und ich konnte nach Belieben darüber verfügen. Wieso hätte ich mir da heimlich etwas einstecken sollen?

Ich kann mich nicht erinnern, je erlebt zu haben, dass eine saudische Frau mal direkt und offen war oder ihre Unkenntnis eingestand. Manchmal, wenn ich mich mit meinen Schwägerinnen über irgendetwas unterhielt, konnte ich ihnen ansehen, dass sie absolut nicht verstanden, wovon ich eigentlich redete, aber das hätten sie niemals zugegeben. (Aber es kam vor, dass sie genau das später dann irgendjemand anderem erzählten.) Saudische Frauen zeigen niemals Bewunderung für Dinge, die anderen gehören, und machen auch keine Komplimente. Sie reden schlecht über andere, ihr Aussehen, ihre Kleidung, ihr Haus. Aber dann machen sie alles nach – während sie weiter ungerührt ihrer Verachtung Ausdruck geben.

Die Vorstellung, dass meine Töchter sich später auch einmal so verhalten könnten, war mir unerträglich. Und doch wusste ich, dass sie in Saudi-Arabien heranwuchsen und als Frauen nichts aus eigener Kraft erwerben konnten – sie würden immer von der Erlaubnis eines Mannes abhängig sein.

Fauzia und ich kamen aus zwei verschiedenen Welten. Vielleicht hatte sie ja aufgrund ihrer Herkunft und ihrer Position in dieser von Männern dominierten Gesellschaft einfach lernen müssen, unehrlich und raffiniert zu sein, um das zu bekommen, was sie brauchte. Ich hatte in den USA gelernt, offen zu sein. In Saudi-Arabien war Fauzias Verhalten vermutlich intelligenter und zweckdienlicher als meins.

Wir beide hätten kaum unterschiedlicher sein können. Ich bin eine Frau, und ich gebe zu, dass ich mitunter eitel bin. Und ich mag Luxus – Dinge, die man mit Geld kaufen kann. Damals hatte ich für meine Reisen nach Europa fünf oder sechs Pelzmäntel, einen Safe voller Schmuck und eine große Garderobe mit Designer-Kleidung. Ich fragte nie nach dem Preis – wenn mir etwas gefiel, kaufte ich es.

Aber viele saudische Frauen kauften fast zwanghaft – wie im Rausch, um die Leere und Langeweile ihres Lebens zu füllen. Sie kauften nicht, weil ihnen etwas gefiel. Sie kauften bestimmte Dinge, weil andere Frauen sie auch hatten und sie mehr und bessere Sachen besitzen wollten als alle anderen. Einmal schenkte Jeslam mir ein Smaragdcollier. Fauzia machte eine abfällige Bemerkung darüber und zog dann gleich los, um sich auch eins zu kaufen.

Dennoch, als Fauzia heiraten wollte, freute ich mich für sie. Sie und Om Jeslam waren absolut begeistert. Wir waren gerade in Genf, als wir hörten, dass ihre Verlobung mit Madschid al Suleiman, Spross einer einflussreichen saudischen Familie, beschlossene Sache war. Fauzia bat mich, für sie ein Kleid zu besorgen, und ich kaufte ihr ein wunderschönes von Givenchy. Es war rosa und weiß, mit Seidenbändern, das Brautkleid aus der letzten Haute-Couture-Kollektion, das schönste Kleid in Genf in dem Jahr.

Doch Fauzia rümpfte die Nase, als sie das Kleid sah – es war ihr zu schlicht –, aber als die Schwägerinnen es schön fanden, zog sie es dann doch an. Meiner Erinnerung nach hat sie sich nie bei mir bedankt. Sie war einfach von ihrer Überlegenheit überzeugt. Es lief immer alles auf ein und dasselbe hinaus – sie war eine Saudi und ich nicht.

Für Fauzias *melka*, ihre Verlobungsparty, zogen wir alle Register. Wir schmückten den Garten mit Lichterketten und bereiteten alles für die Bewirtung von Hunderten von Frauen vor. Doch am Abend vor der Verlobung drohte Fauzia, das Ganze abzublasen. Sie bestand auf einem Ehevertrag, der ihr das Recht einräumte, sich scheiden zu lassen.

Das hatte ich noch nie erlebt. In Saudi-Arabien ist Scheidung eine einfache Angelegenheit – wenn man ein Mann ist. Er muss lediglich vor Zeugen dreimal »Ich lasse mich von dir scheiden« sagen und die Sache ist erledigt. Eine Frau hingegen muss die Scheidung vor einem religiösen Gericht erkämpfen, was ihr nur gelingt, wenn sie ihrem Ehemann eindeutig »unislamisches« Verhalten nachweisen kann. (Ehebruch und Gewalttätigkeiten zählen nicht.)

Die *melka*-Feier wurde um zwei Tage verschoben. Die Floristen holten die riesigen Blumenarrangements wieder ab; wir konnten nur abwarten. Aber Fauzia bekam ihren Vertrag. Sie setzte sich durch, denn schlau war sie wirklich.

Die Party fand also statt. Sobald die Gäste eingetroffen waren und ihre Abajas ausgezogen hatten, kam ich mir vor wie bei einem Wettbewerb, wer das dickste Make-up, den meisten Schmuck, das teuerste Kleid trug. Fauzia und Madschid, der Bräutigam, trafen getrennt ein und wurden von den Frauen mit lauten, trillernden Schreien begrüßt. Sie nahmen unter dem Baldachin Platz. Sie unterzeichneten das Register. Diesen Teil der Zeremonie hatte ich bei meiner Hochzeit verpasst – das Register hatte ich im Auto unterschrieben –, da Redschais *melka* schon stattgefunden hatte, als ich zu meiner Hochzeit nach Saudi-Arabien kam. Fauzias eigentliche Hochzeitsfeier fand Wochen später statt, in einem Hotel. Doch jetzt waren Fauzia und Madschid gesetzmäßig verlobt und durften sich zum ersten Mal treffen.

Die Verlobten hatten sich nämlich nie zuvor gesehen.

Jeslam und ich mochten Madschid. Er war zweiundzwanzig Jahre alt, jünger als seine Frau, und mit seinen ebenmäßigen Gesichtszügen und dem hübschen Lächeln ein gut aussehender Mann. Er war sehr gutmütig, viel toleranter als Fauzia, wenn es um andere ging. Madschid war witzig – er hatte sehr viel Humor. Wir konnten uns gut unterhalten und hatten immer viel zu lachen. Einmal waren wir im Sommer zusammen in Genf und gingen zu viert aus. Als Madschid mich in einem Silberfuchspelz sah, der von Natur aus einen grauen Glanz hat, sagte er: »Hat das arme Tier deinetwegen graue Haare gekriegt?« Dann blickte er Jeslam an und sagte: »Pass auf, dass du deiner Frau nicht zu nahe kommst, sonst wirst du zu schnell grau!«

Waffa und Nadscha waren ganz vernarrt in Madschid. Er war ein so lieber und geduldiger Mensch und es war gut, dass Fauzia ihn hatte, um sie zu zügeln. Ich weiß noch, wie Fauzia, Madschid und ich einmal zusammen irgendwohin wollten. Madschid und ich waren schon ausgehfertig und warteten unten, als wir hörten, wie Fauzia das Hausmädchen anschrie, weil es beim Bügeln auf dem Fußboden ein Loch in den Teppich gebrannt hatte. Madschid zuckte sichtlich zusammen. Wieso kauft sie der armen Frau nicht einfach ein Bügelbrett?, dachte ich bei mir. Aber das Hausmädchen fürchtete sich vor Fauzia und auch vor den Kindern.

Fauzia hatte zwei kleine Kinder, Sarah und später dann Faisal, der noch ein Baby war. Wie viele saudische Kinder reicher Eltern wurde Sarah mit materiellen Dingen überschüttet, erhielt aber dafür nur wenig Zuwendung von Erwachsenen. Sie hatte kistenweise Spielsachen, mit denen sie noch nichts anzufangen wusste, und kannte praktisch keine Disziplin. Ich weiß noch, dass ich einmal beobachtete, wie die kleine Sarah ein Kartenspiel nach dem anderen zerriss: Fauzia brachte ihr einfach keine Achtung bei, weder vor Dingen noch vor Menschen.

Saudische Eltern lieben ihre Kinder zwar über alles, übersehen dabei aber, was ihre Kleinen wirklich brauchen. Sarah konnte sich nie gut allein beschäftigen. Wenn sie quengelig wurde, übergab Fauzia sie einfach dem Mädchen – die nicht etwa ein ausgebildetes Kindermädchen, sondern eine schlichte Hausangestellte war. Die Ärmste musste sich neben der Hausarbeit auch noch von morgens bis abends um Sarah und den kleinen Faisal kümmern. Wenn eines der Kinder weinte, war das Hausmädchen schuld, aber ein Wort des Dankes bekam sie nie zu hören. Dita, unser philippinisches Mädchen, legte sich immer noch ein Weilchen zu meinen Kindern, wenn sie sie ins Bett brachte. Dieses kleine Ritual gestaltete sich problematisch, wenn unsere Kinder mal bei Fauzia übernachteten: Fauzias Mädchen durfte nämlich die Möbel nicht benutzen. Man erlaubte ihr nicht einmal, sich auf einen Stuhl zu setzen, wenn sie die Kinder fütterte.

Madschid übte einen mäßigenden Einfluss auf seine Frau aus. Doch eines Tages schlug das Schicksal zu. Madschid war ein Autonarr und er kaufte sich einen Formel-1-Wagen. Der Rennwagen war knallgrün und im ganzen Land bekannt: Er fuhr unter den Farben der saudischen Fluggesellschaft und war der Stolz aller saudischen Jungen. Als der Wagen geliefert wurde, beschloss Madschid ihn gleich zu fahren. Aber die Beschleunigung war so stark, dass der Wagen einen Satz nach vorn machte. Madschids Kopf wurde nach hinten gegen den Überrollbügel geschleudert, und er verlor das Bewusstsein.

Man brachte ihn in die Universitätsklinik, wo man ihn wiederbelebte, und die Wunde am Hinterkopf nähte. Doch er hatte innere Blutungen und verlor bald wieder das Bewusstsein. Aus London wurden Neurochirurgen eingeflogen, aber es war zu spät: Madschids Gehirnfunktionen hatten ausgesetzt. Sein Körper starb einen Monat später. Er wurde in ein einfaches Tuch gehüllt und nach wahhabitischer Tradition bei Sonnenuntergang irgendwo in der Wüste beerdigt. Frauen durften am Begräbnis nicht teilnehmen.

Ich war am Boden zerstört, und ich konnte an nichts anderes mehr denken. Madschid, ein so lieber und lustiger Mensch, war erst siebenundzwanzig gewesen. Wie konnte er tot sein? Ich bereitete mich auf die dreitägige Trauerzeit bei Madschids Mutter vor; alle Frauen in der Familie würden da sein, um Om Madschid und Fauzia beizustehen. (Jeslam ging mit den Männern zu Madschids Vater.) Als ich ankam, war das Wohnzimmer voll mit laut jammerndern Frauen, alle in Schwarz oder Weiß gekleidet, und Fauzia saß makellos geschminkt auf dem Sofa. Sie hatte erst vor wenigen Monaten ihren Sohn Faisal zur Welt gebracht, und als Om Jeslam sie fragte, ob sie irgendetwas brauche, antwortete Fauzia: »Einen Hüfthalter.«

Mir verschlug es die Sprache. Wie konnte sie jetzt bloß an ihr Äußeres denken! Dennoch drückte ich ihr mein Mitgefühl aus. »Es war Gottes Wille«, erwiderte Fauzia. »Vielleicht ist es ja besser so. Wer weiß, vielleicht hätte er sich sonst irgendwann scheiden lassen und mir die Kinder weggenommen.«

Schockiert wandte ich mich ab und kümmerte mich etwas um die Kinder. Der kleine Faisal weinte. Er war seit Tagen nicht gebadet und auch sonst ziemlich vernachlässigt worden. Ich nahm ihn und wusch ihn, und dann ging ich mit der kleinen Sarah nach draußen zu einer Schaukel, um sie ein wenig abzulenken. Während dieser dreitägigen Trauerzeit verhielt ich mich so still wie möglich.

Eine von Madschids Schwestern war so untröstlich,

dass ich mir Sorgen um sie machte und Fauzia daraufhin ansprach. »Ach die«, sagte Fauzia. »In unseren fünf Jahren Ehe hat sie sich kaum mal bei uns blicken lassen. Die macht nur Theater.« Es war, als könnte sie nicht ertragen, dass andere die Trauer empfanden, die sie offensichtlich nicht empfand.

Einige Tage später erhielten wir die Nachricht, dass einer von Om Jeslams Brüdern im Iran gestorben war. Fauzia bedauerte ihre Mutter überschwänglich: »Ach Mama, meine arme Mama.« Als ich das sah, konnte ich mich leider nicht mehr beherrschen und fragte: »Fauzia, wie lange hatte Om Jeslam denn ihren Bruder nicht gesehen?« Sie warf mir einen vernichtenden Blick zu, und ich glaube, danach hasste sie mich richtig.

Wenige Tage später, kurz vor unserer Abreise nach Genf, beschloss ich, Om Madschid noch einmal aufzusuchen, um ihr mein Beileid auszusprechen – sie war eine freundliche Frau, und ich mochte sie. Fauzia bat meinen Fahrer, einen Zettel für Madschids Mutter mitzunehmen. Als Om Madschid den Zettel entgegennahm, winkte sie ihren Hausboy zu sich. »Gib dem Fahrer das Geld«, sagte sie, die Augen noch immer verweint. Ich brauchte einen Moment, bis mir klar wurde, dass Fauzia ihrer Schwiegermutter eine Rechnung über zweitausend Riyal geschickt hatte: für das Gehalt ihres Kochs. Ich wäre am liebsten im Boden versunken.

16

Schwestern im Islam

Fauzia ließ nie Anzeichen einer mitfühlenden Seele erkennen, betete aber fünfmal am Tag. Das taten alle Bin-Ladin-Frauen, und Scheicha zählte zu den orthodoxesten unter ihnen. Scheicha war fast eine weibliche Ausgabe von Osama, aber natürlich wesentlich unterwürfiger. Sämtliche jüngere Bin-Ladin-Frauen bewunderten sie. Sogar die Schwiegermütter hatten Respekt vor ihrer Frömmigkeit, erst recht, als sie für Osama Hilfsgüter sammelte und sie höchstpersönlich nach Afghanistan brachte.

Ich besuchte Scheicha häufig, wie überhaupt viele meiner Schwägerinnen. Ich wollte die Kultur, in der meine Kinder lebten, und die Wurzeln meines Mannes besser verstehen. Scheicha und ihr Mann hatten nicht weit von uns ein Haus gebaut. Aber wir hatten kein so enges Verhältnis, wie ich das vom Westen her gewohnt war. Saudische Frauen sind untereinander nicht so offen wie Frauen in den USA oder Europa – schon gar nicht gegenüber einer Ausländerin.

Für die Beziehungen der Frauen untereinander spielte es eine größere Rolle als bei den Männern, wer wessen Voll- und Halbschwester war. So standen sich beispielsweise Ahmads drei Schwestern – die dieselbe Mutter hatten – offenbar wirklich sehr nahe: Sie waren praktisch unzertrennlich. Es kam aber auch vor, dass sich Bin-Ladin-Schwestern gut verstanden, obwohl sie verschiedene Mütter hatten: Scheicha und Raffa zum Beispiel hatten nicht dieselbe Mutter, dafür aber dieselben religiösen Überzeugungen. Ich dagegen war nicht mit ihnen aufgewachsen. Ich war nicht einmal eine Halbschwester – ich war bloß eine Schwägerin und noch dazu aus dem Westen. Daher kann ich nicht behaupten, dass ich zu einer meiner Schwägerinnen ein besonders persönliches Verhältnis gehabt hätte.

Trotzdem besuchte ich sie. Es war immerhin eine Beschäftigung. Scheicha erkundigte sich dann nach Jeslam; ich fragte höflich, ob alle in ihrer Familie wohlauf seien. Selbst ein so einfacher Dialog war ritualisiert, und überall lauerten Fettnäpfchen, in die man treten konnte. Scheicha durfte im Gespräch den Namen meines Mannes aussprechen: Sie war seine Schwester. Ich aber durfte keinesfalls den Namen von Scheichas Mann aussprechen, obwohl sie meine Schwägerin war. Seinen Namen in den Mund zu nehmen oder mich nach seinem Befinden zu erkundigen, hätte eine gewisse Vertrautheit vorausgesetzt. So weit durfte man sich einfach nicht vorwagen.

Ich lebte mittlerweile schon so lange in Saudi-Arabien, dass ich die steifen, höflichen Rituale der Geschlechtertrennung gar nicht mehr registrierte. Wenn ich jedoch heute zurückschaue, sehe ich, wie seltsam und befremdlich sie waren.

Trotz alledem mochte ich Scheicha – sie war dynamisch und voller Energie, die sie leider ausschließlich in ihr religiöses Engagement steckte. Auch Scheich Mohammeds älteste Tochter Aischa war ein tatkräftiger und eindrucksvoller Charakter. Aischa und Om Jeslam standen sich sehr nahe – sie hatten gegenseitig ihre Kinder gestillt –, und alle Bin-Ladin-Frauen schienen Aischa als der ältesten Tochter des großen Scheichs einen besonderen Platz einzuräumen. (Aischa war älter als viele seiner Ehefrauen.)

Aischa war klein, aber sehr würdevoll und noch dazu relativ freimütig. Wenn ich bei ihr zu Hause war, beschwerte Aischa sich häufig darüber, dass Jeslam sie nicht häufiger besuchen kam. Das war gewagt – keine andere Schwester hätte sich über einen Bruder beschwert.

Aber die unterschwellige Kritik ging nie zu weit. Einmal kam ich zusammen mit Jeslam zu einem Familientreffen, auf dem natürlich auch Aischa war. »Sieh mal, wen ich mitgebracht habe«, sagte ich zu ihr. »Jetzt musst du dich nicht mehr bei mir beschweren, dass Jeslam dich so selten besucht. Jetzt kannst du es ihm gleich selbst sagen.« Alle im Raum waren wie vom Donner gerührt. Ich hatte Aischa aufgefordert, meinen Mann – ihren Bruder – ins Gebet zu nehmen, in aller Öffentlichkeit! Die Stille, die auf meine Bemerkung folgte, wollte kein Ende nehmen.

Die einzige Verwerfung in dem peinlich genau eingehaltenen Protokoll, das die Beziehungen unter den Bin-Ladin-Frauen regelte, war eine leichte, aber deutlich spürbare Eifersucht auf Randa, eine der Schwestern. Randa war das einzige Kind ihrer Mutter und hatte keine Vollbrüder, weshalb sie eigentlich einen relativ niedrigen Status hätte haben müssen. Aber Randa war Salems Lieblingsschwester, und Salem war der Älteste.

Salem war Oberhaupt des Bin-Ladin-Clans. Und Salem schlug Randa nie etwas ab, behaupteten zumindest die Frauen. Es sei fast skandalös, so raunten sie, dass Salem sie auf allen Reisen mitnahm, selbst ins Ausland – manchmal sogar ohne seine Frau. Und man munkelte, wenn Salem mal mit Randa und seiner Frau ins Ausland reiste, saß Randa neben ihm vorne im Auto und seine Frau wurde auf den Rücksitz verbannt.

Klatsch und Tratsch waren noch nie meine Sache, und dieses Geschwätz fand ich besonders albern.

Man sollte meinen, eine Welt von Frauen wäre von Solidarität und Spontaneität geprägt, von herzlichem, wohlwollendem Verständnis. Doch unter den Bin-Ladin-Frauen war jede Geste immer nur ungemein schicklich, ritualisiert und fast absolut statisch. Meine Freundin Haifa – die syrische Frau von Bakr – kannte sich aufgrund ihrer Herkunft besser mit den Anstandsregeln aus als ich, und sie musste mir helfen, sie zu lernen.

Und ich lernte durch Nachahmung. Irgendwann beherrschte dann auch ich die Gesprächsrituale auf den endlosen nachmittäglichen Frauentreffen, an denen ich teilnehmen musste.

Aber die Treffen frustrierten mich. Es kamen einfach nie tiefere Gespräche auf. Die Familie war so groß, und alle besuchten sich gegenseitig am laufenden Band, aber die Beziehungen untereinander schienen mir völlig oberflächlich.

Eines Nachmittags dann lud Scheicha mich zu einer ihrer Koranstunden ein. Die ausgewählten Schwestern versammelten sich in Scheichas Wohnzimmer und

Mit Jeslam, Waffa, meiner Schwiegermutter und Nadscha im Garten in Dschidda: »Ich hatte zwei kleine Kinder, und wir waren eine richtige Familie. Aber die Einsamkeit, die ich nach dem entsetzlichen Tag in Taif empfunden hatte, ließ mich nicht mehr los.«

Mit Nadscha in Haifas Swimmingpool: »Haifa war eine wunderbare Freundin, zu der ich Kontakt hielt, auch nachdem ich Saudi-Arabien verlassen hatte. Aber nach dem 11. September habe ich sie nie wieder gesehen.»

Mit meiner Mutter und Jeslam in Genf: »Weihnachten verbrachten wir häufig in Genf. Das christliche Fest schien Jeslam nicht zu stören. Später jedoch war es sogar schwierig, die Geburtstage der Kinder zu feiern.«

Die Familie unter dem Weihnachtsbaum in Genf: »Weihnachten, das Fest der Familie. Gemeinsam mit den Kindern packten wir Geschenke aus.«

Mit Jeslam und Nadscha in Dschidda: »In der Öffentlichkeit trug ich die Abaja, die mich ganz verhüllte. Dieses Foto, auf dem ich nur teilweise verhüllt bin, kann zu Hause aufgenommen worden sein. Sobald ich das Haus verließ, musste ich mich komplett bedecken.«

Nadscha mit Dekorationen, die Carmen für den Kindergeburtstag gebastelt hatte: »Mir war es wichtig, dass nicht alles, was sie hatten, gekauft wurde. Stundenlang arbeitete ich an diesen Schwänen.«

Im Garten in Dschidda: »Die Mädchen konnten nur auf unserem Grundstück spielen, und selbst da war vieles reglementiert. Als die Zügel wieder angezogen wurden, lösten sich unsere kleinen Freiheiten in nichts auf.«

Die Hochzeit von Fauzia und Madschid: Halil, Salem, Jeslam, Om Jeslam, Fauzia, Madschid und seine Familie: »Für Fauzias Hochzeit scheuten wir weder Kosten noch Mühen. Ich mochte Madschid sehr, und sein Tod fünf Jahre später traf mich tief.«

Waffa und Nadscha vor der Schule in Dschidda: »Ich bestand darauf, dass die Mädchen zur Schule gingen, aber ich war besorgt darüber, was sie dort lernten.«

Am Pool in Dschidda: »Natürlich sind Fotos in Saudi-Arabien eine sehr private Sache, aber ich wollte unbedingt Fotos von meinen Töchtern haben. Also bat ich den offiziellen Fotograf der Bin-Ladin-Organisation, zu uns zu kommen.«

Waffa mit einer Freundin: »Das Foto auf dem Tisch zeigt König Faisal, der von einem Neffen, der ein islamischer Fundamentalist war, ermordet wurde.«

Unser letzter Aufenthalt in Dschidda: »Als die Mädchen älter wurden, veränderte sich Jeslams Verhalten uns gegenüber. In Saudi-Arabien hatte er uns kleine Freiheiten zugestanden, aber in der Schweiz wurde er immer engstirniger.«

Ula und Nur in Südfrankreich: »Meine Freundin Ula war stets loyal. Sie gehört zu den vielen Frauen, denen ihre muslimischen Männer die Kinder weggenommen hatten.«

Zu Hause in Genf: »Hier begann die Freiheit wirklich. Langsam gewöhnten wir uns an das Leben ohne die Angst vor den permanenten Beschuldigungen, denen wir in Saudi-Arabien tagtäglich ausgesetzt waren.«

»Nach dem 11. September wurde unser Privatleben immer mehr in die Öffentlichkeit gezogen. Ich war der Meinung, dass ich sagen musste, wo wir stehen.«

Eine lächelnde Carmen vor einer Kommode voller Fotos von ihren Töchtern: »Angesichts all der Jahre des Kampfes ist es mir ein Trost zu wissen, dass meine wunderbaren Töchter jetzt die Freiheit haben, diejenigen zu sein, die sie sein wollen.«

lauschten aufmerksam einer Gelehrten, die aus dem Koran vorlas und ihn interpretierte. Einige dieser Frauen wurden allmählich richtig fanatisch, wie mir auffiel. Die ganz Eifrigen erkannte man an den dicken, schwarzen Handschuhen, die sie trotz der brütenden Dschidda-Hitze trugen. Viele verzichteten jetzt auch nicht mehr auf das Kopftuch und trugen es im Haus, obwohl nur Frauen da waren.

Dank ihrer starken religiösen Überzeugung nahmen einige dieser Frauen eine Führungsrolle ein – Aischa, Scheicha und Raffa, eine weitere recht hübsche ältere Schwester. Ich glaube, Raffa machte sich ernsthaft Sorgen um meine unsterbliche Seele, während ich mir wünschte, dass sie einen offeneren Blick für die Welt da draußen bekam. Raffa und ich diskutierten häufig über Sinn und Zweck der islamischen Restriktionen in Saudi-Arabien. Sie wurde nicht müde, mich zu korrektem islamischem Verhalten zu ermahnen. Die jüngeren Frauen – wie Osamas traurige, zurückhaltende Frau Nadschwa – pflichteten ihr immer schweigend bei.

Ein paar von diesen Frauen waren mir richtig ans Herz gewachsen. Ich mochte Om Jeslam, die freundlich und sanftmütig war. Scheicha gefiel mir, weil sie eine so zupackende Art hatte. Raffas Mutter war, wie Scheicha auch, ein lieber und gastfreundlicher Mensch. Taiba, die nach der Scheidung ihre Kinder an ihren Mann verloren hatte, war sanft und warmherzig. Ich glaube, sie mochten mich ebenfalls.

Doch als ich an jenem Nachmittag bei Scheicha an der Koranstunde teilnahm, sah ich ein, wie hoffnungslos in der Minderheit Haifa und ich inzwischen waren.

Ich betrachtete die Frauen um mich herum und hörte ihnen zu und kam mir vor wie in einem Film. Ich fühlte mich vollkommen fremd. Nadschwa war besonders erschreckend – vielleicht weil sie erst zweiundzwanzig war und doch besonders unterwürfig. Und sie war ständig schwanger – als ich Saudi-Arabien für immer verließ, hatten sie und Osama schon sieben Söhne. Mit ihrer tristen Kleidung und den niedergeschlagenen Augen war Nadschwa fast unsichtbar.

Worüber hätte ich mit solchen Frauen reden sollen? Was sagt man zu jemandem, mit dem man absolut nichts gemein hat? Wenn ich Nadschwa sah, dachte ich nur: »Was hat diese junge Frau vom Leben? Sie ist fromm ... sie kann keine Musik hören ... sie ist eine Gebärmaschine und ihr Mann hält sie wie eine Gefangene. Sie lächelt mich zwar an, aber was geht in ihrem Kopf vor?« Nadschwa dachte wahrscheinlich: »Die arme Frau, sie kommt in die Hölle«, und ich dachte: »Die arme Frau, sie lebt in der Hölle« – wir waren beide Frauen, saßen zusammen im selben Raum und befanden uns doch auf völlig getrennten Flugbahnen. Nadschwa machte mir Angst. Für mich sind Frauen Hüterinnen des geistigen Fortschritts, ihnen ist die Zukunft anvertraut. Wenn sie aus Angst vor Veränderung an der Vergangenheit festhalten, kann sich eine Gesellschaft nicht weiterentwickeln.

Meiner Ansicht nach greift der Islam stärker als jede andere Religion in das Leben der Gläubigen ein. Er ist nicht bloß eine Theologie. Er ist eine alles umfassende Lebensart. Für einen streng orthodoxen Muslim – und die Saudis sind besonders strenge Muslime – ist die

Trennung von Religion und Staat unvorstellbar. Der Islam ist gleichbedeutend mit dem islamischen Gesetz: Verhaltensregeln und Gesetz sind für die Religionsausübung ebenso wichtig wie der Koran. Die Scharia – die islamische Gesetzessammlung – ist die Verfassung Saudi-Arabiens. Die Regierung oder die saudische Gesellschaft sind untrennbar mit den strengen Regeln des wahhabitischen Islam verbunden.

Mohammed Bin Abd al-Wahhab, der im 18. Jahrhundert lebte, war überzeugt, dass der Islam, wie er ihn praktiziert sah, dringend einer Läuterung bedurfte und wieder zu seinen Wurzeln aus dem siebten Jahrhundert zurückgeführt werden musste. Während andere, weniger isolierte islamische Länder wie beispielsweise Ägypten den Islam als ein Begriffsgefüge sahen, das sich im Laufe der Jahrhunderte weiterentwickelte, lehnte Scheich Wahhab jede Interpretation des Gesetzes des Propheten ab. Der Islam musste so angenommen werden, wie er war, und konnte weder modernisiert noch verändert werden.

Die Folge war, dass die Saudis die Wächter der absoluten Orthodoxie in der islamischen Welt geworden sind – die radikalsten Fundamentalisten überhaupt. Der einzige Unterschied zwischen dem saudischen Islam und dem der ultra-radikalen afghanischen Taliban ist der Reichtum und die Verschwendungssucht der al-Sauds. Die Saudis sind die Luxusausgabe der Taliban.

Als Mitwirkende einer modernen Weltwirtschaft sahen die Saudis sich genötigt, gewisse Veränderungen zuzulassen und ihre Gesellschaft, wenn auch minimal, anzupassen. Aber selbst so einfache Neuerungen wie Autos, Fotografie oder Fernsehen konnten erst eingeführt werden, nachdem islamische Gelehrte geprüft hatten, ob der Islam sie zuließ. Teils um die Leute zu beschwichtigen, die derlei moderne Veränderungen mit Zorn quittieren, und teils auch aus schlichter Überzeugung finanzieren die Saudis Bewegungen, die ihren strengen Wahhabismus in andere Länder exportieren. Die Finanzierung solcher Bewegungen wurde nach dem Einmarsch der Sowjets in Afghanistan mit noch größerem Engagement betrieben.

Als ich in Saudi-Arabien lebte, hieß es, dass sechs Prozent der Öleinnahmen dafür aufgewendet würden, die Verbreitung des Islam in aller Welt zu fördern. Weiteres Geld kommt von wohlhabenden Familien, die es für ihre persönliche Pflicht halten, islamische Erweckungsbewegungen zu unterstützen. So werden mit saudischem Geld auch Moscheen in Europa, Asien und den Vereinigten Staaten gebaut und unterhalten. Die Geistlichen dort verbreiten die radikale Botschaft von Scheich Wahhab und übertragen sie auf muslimische Kulturen, die inzwischen toleranter und flexibler geworden sind.

Gelehrte aus anderen Ländern werden in Riad und Dschidda geschult, damit sie in ihrer Heimat die Lehre verbreiten. Die Länder, die finanzielle Hilfe aus Saudi-Arabien erhalten, werden unter Druck gesetzt, damit sie strenge Gesetze erlassen – Alkoholverbot, Fastenzwang während des Ramadan und Einschränkung der Ausbildung von Frauen und ihrer Berufstätigkeit. Der saudi-arabische Islam ist eine gewaltige, ungemein reiche Macht, die die Welt verändern will, und er erstreckt sich weit über die Grenzen seiner ansonsten abgeschotteten Heimat hinaus.

Saudi-Arabien ist die Wiege des Islam – die Heimat des Propheten Mohammed –, und der saudische Islam soll die Lehre des Propheten und die heiligen Stätten Mekka und Medina, in denen er lebte, beschützen. Ungläubige werden dort nicht geduldet. Im Laufe meiner Jahre in Saudi-Arabien wurde mir klar, wie rigoros sich die saudische Gesellschaft gegen andere Religionen verwahrt. Sogar die Landesflagge verkündet kühn: »Es gibt keinen Gott außer Allah.« Im Land darf keine andere Religion als der Islam praktiziert werden. Die Einfuhr von Bibeln ist verboten, kollektives Beten nicht erlaubt. Viele ausländische Arbeitnehmer, wie zum Beispiel Dita, meine christliche philippinische Hausangestellte, leiden schwer unter diesen Verboten.

Auch in anderer Hinsicht übt Saudi-Arabien über die Millionen Ausländer, die es ins Land holen muss, damit sie die Maschinerie des Fortschritts bauen und in Gang halten, eine fast paranoide Kontrolle aus. Jeder Ausländer, der im Königreich arbeiten will, braucht einen saudischen Bürgen, der seinen Pass in »sichere Verwahrung« nimmt und auf jeden seiner Schritte achtet. Wenn der Ausländer das Land verlassen will, benötigt er dazu die Erlaubnis seines Bürgen: Für eine Ausreisegenehmigung ist die Unterschrift des Bürgen erforderlich. Ausländer dürfen im Land keinen Besitz erwerben, und um Geschäfte zu führen, brauchen sie einen saudischen Partner.

Ausländerinnen, die einen Saudi heiraten, kommen

nicht mehr aus dem Land heraus, wenn ihr Mann – oder Exmann – ihnen oder den Kindern die Ausreise verwehrt. Ohne seine Unterschrift gibt es keine Ausreisegenehmigung und ohne die führt einfach kein Weg aus dem Land.

Ich hatte in Saudi-Arabien immer das Gefühl, ein irgendwie heimliches Leben zu führen, als hätte ich mich unter Vortäuschung falscher Tatsachen ins Land geschmuggelt und täte besser daran, meine wahre Natur nie zu zeigen. Wenn ich Frauen wie Nadschwa oder Raffa und Scheicha ansah, hatte ich Angst um meine Töchter. Diesen Frauen machten die Einschränkungen, unter denen sie lebten, nichts aus: Sie nahmen sie bereitwillig an. Selbst als ich schon viele Jahre in dem Land lebte, blieb mir diese entsetzliche Selbstversklavung ein einziges Rätsel.

Damals dachte ich noch, dass die Zukunft meiner Kinder in Saudi-Arabien lag. Ich liebte meinen Mann; wir lebten in seinem Land; meine Töchter waren saudische Kinder. Ich wusste, dass es besser für sie wäre, ihnen die Verhaltensregeln beizubringen, die ihnen als Erwachsene das Leben erleichtern würden. Sie sollten möglichst früh lernen, als saudische Frauen zu funktionieren. Ihr Wohl und ihr Seelenfrieden könnten davon abhängen, ebenso wie zahllose kleine Freiheiten, die nur mit der Erlaubnis eines Mannes möglich waren.

Doch ich brachte es einfach nicht übers Herz, meinen Töchtern beizubringen, sich so manipulativ und gerissen zu verhalten wie all die Frauen um mich herum. Vielleicht wäre es meine Pflicht gewesen, aber ich war einfach außerstande, sie auf das Leben als saudische Frauen vorzubereiten. Schon der Gedanke daran war mir zuwider.

Als ich mich schließlich dazu durchringen konnte, mir Gedanken über die Zukunft von Waffa und Nadscha zu machen, wurde mir klar, dass ich meine Kinder zu Rebellinnen in der saudischen Gesellschaft erzog. Ich wusste, dass sie später dafür würden büßen müssen. Aber tief in meinem Innern hatte ich nun einmal Angst, dass sie eines Tages so werden würden wie Nadschwa und die anderen – dass sie ein streng religiöses Leben führen und mich verlassen würden. Ich wollte nicht, dass aus meinen Kindern stumme Fremde mit schwarzen Handschuhen werden: Die Vorstellung war mir unerträglich. So sollten meine süßen, fröhlichen Kinder nicht werden.

Ich denke, Nadschwa war von Natur aus schüchtern und zurückhaltend, und ihre Erziehung hatte sie zu einem fatalistischen Menschen gemacht. Sie glaubte, dass es ihre Bestimmung war, ihrem Mann und ihrem Vater zu gehorchen. Mich brachte das manches Mal auf die Palme, und ich dachte: »Gott hat dir Arme und Beine und einen Kopf zum Denken gegeben, also benutze sie auch.« Es frustrierte mich als Frau, von Frauen umgeben zu sein, die einfach nicht den Mut hatten, sich dem System zu widersetzen.

Scheicha und Raffa waren aus einem anderen Holz geschnitzt – sie besaßen Mut. Bloß schade, dass sie ihn ausschließlich für ihre Religion nutzten. Wahrscheinlich war das einfacher für sie, als für ihre Rechte als Menschen zu kämpfen. Die Frömmigkeit gab ihnen die Illusion von Macht. Ich denke, dass sie sich durch ihre

Strenggläubigkeit den Respekt der Männer und auch der anderen Frauen erhofften. Und es funktionierte – religiöse Frauen ernteten mehr Respekt als verwestlichte, wie zum Beispiel Leila, Hassans kokette libanesische Frau.

Ich bin sicher, Frauen wie Scheicha und Raffa waren in erster Linie aus Überzeugung so fanatisch religiös. Aber taktische Gründe spielten gewiss auch ein Rolle. Wenn man in totaler Abhängigkeit lebt, muss man lernen, seinen Herrn zu beeinflussen: Anders kann man vielleicht nicht überleben.

Saudische Frauen haben aber noch eine weitere Möglichkeit, Einfluss auf die Männer auszuüben, die über sie herrschen: Sie können die Kinder manipulieren, vor allem die Jungen. Die Frauen behandelten ihre Söhne immer nachsichtiger, und mir fiel auf, dass sie im Beisein ihres Mannes noch aufmerksamer zu ihnen waren. Von einer guten Mutter würde sich ein Mann niemals scheiden lassen – so lautete die Theorie. Und ein Sohn würde eines Tages an Stelle des Ehemannes die Rolle des gesetzlichen Vormundes übernehmen. Ein Ehemann konnte sich anderen Frauen zuwenden oder sterben oder sich scheiden lassen, aber ein liebender Sohn würde immer für seine Mutter sorgen.

Ich hatte keine Söhne. Und die anderen Bin-Ladin-Frauen – sogar Om Jeslam – schienen kein großes Interesse an der Erziehung meiner Töchter zu haben. Wenn wir uns beim Nachmittagstee trafen, spielte ich die gehorsame Schwiegertochter und plapperte drauflos. Die Kinder waren bei diesen langen, öden Zusammenkünften das einzige neutrale Thema. Ich erzählte zum

Beispiel, dass Waffa und Nadscha beten gelernt hatten, dass ich mit ihnen in Mekka war, dass sie etwas Arabisch gelernt hatten und schon das eine oder andere aus dem Koran aufsagen konnten. Doch Om Jeslam erkundigte sich nie nach solchen Dingen. Ich hatte immer den Eindruck, dass sie Fauzias kleine Tochter Sarah lieber mochte.

Ich tat alles, damit sie auch meine Kinder ins Herz schloss, aber ich glaube nicht, das es mir je gelungen ist. Vielleicht lag es doch daran, dass ich Ausländerin war. Ich kann mich noch gut erinnern, wie Waffa einmal nach unserem Umzug in ein größeres Haus in Dschidda mit einer halb englischen Schulfreundin pitschnass und kreischend vom Pool hereingerannt kam. »Furchtbar, dieses ausländische Mädchen«, entfuhr es Om Jeslam gereizt.

Ich entgegnete scharf: »Wir sind alle für jemand anders Ausländer.«

»Ich nicht«, erwiderte Om Jeslam und blickte mir in die Augen. »In mir ist kein Tropfen christliches Blut.«

Im Gegensatz zu mir, denn ich hatte einen Tropfen christliches Blut in meinen Adern – von meinem Vater. Und die Mädchen ebenfalls. Und im Grunde wollte Om Jeslam sagen, dass ich die resolute, eigenwillige Persönlichkeit hatte, die entsteht, wenn man als Individuum lebt wie es im Westen üblich ist. Sie spürte, dass es mir niemals gelingen würde, mich so zu fügen, wie es von mir erwartet wurde – dem Islam, den Regeln der saudischen Gesellschaft oder meinem Mann.

Und sie hatte Recht.

17

Prinzen und Prinzessinnen

Ich lernte meine Freundin Latifa beim Lunch mit Fauzia und Madschid in Genf kennen. Private Kontakte in Saudi-Arabien sind kompliziert – durften Frauen mit einem Mann, den sie noch nicht kannten, an einem Tisch sitzen? –, aber Saudis lassen einen Teil ihres komplexen Netzes aus Einschränkungen fallen, wenn sie im Ausland sind, und Männer und Frauen können sich in Europa ein wenig ungezwungener treffen. Jeslam und Latifas Mann Turki fanden sich sympathisch. Wir vier trafen uns häufiger, und Latifa und ich wurden gute Freundinnen.

Latifa war eine al-Saud, eine Prinzessin. Ich hatte schon einige Prinzessinnen kennen gelernt und war nie sonderlich beeindruckt gewesen – sie waren alle nichts sagend und unerträglich überheblich. Latifa dagegen war anders. Sie interessierte sich für andere Menschen. Sie war nicht so arrogant wie manch anderer aus dem saudischen Königshaus.

Latifa war groß und geschmeidig, und sie war eine der schönsten Frauen, denen ich je begegnet bin. Sie war ein ganz anderer Typ als ich – sehr still. Manchmal witzelte ich: »Latifa, die Wände sind es leid, immer nur meine Stimme zu hören.« Sie war so zurückhaltend, dass wir kaum über die Herrscherfamilie – also ihre Familie – oder über politische Dinge sprachen.

Aber Latifa war gern mit mir zusammen, weil ich eben nicht zu dem ständig wechselnden Heer von intriganten Höflingen gehörte. Und ich mochte sie, weil ich in ihr eine wahre arabische Prinzessin sah. Nicht nur wegen ihrer auffälligen Schönheit, sondern auch weil irgendetwas an Latifa durch und durch nobel war.

Auch Latifas Mann Turki gehörte zur königlichen Familie, aber er war schüchtern und ziemlich zugeknöpft. Am Anfang, auch als er schon mit Jeslam befreundet war, hatte er Probleme damit, allein mit mir in einem Raum zu sein. Als Turki das erste Mal zu uns nach Hause kam und erfuhr, dass Jeslam noch nicht da war, musste ich ihn praktisch zwingen, trotzdem hereinzukommen. Turki saß kerzengerade auf dem Sofa im Wohnzimmer und traute sich nicht, mich anzublicken. Es war eine Sache, mich in Genf unverschleiert zu sehen, aber etwas völlig anderes, allein mit mir in einem Raum in Dschidda zu sein.

Turki war gern im Westen – er genoss das entspannte Leben dort und die Freiheit, er selbst zu sein und sich ganz selbstverständlich mit Frauen wie mit Männern treffen zu können. Doch sobald er saudischen Boden betreten hatte, hielt er sich wieder an die Landessitten. Jetzt, da ich schon so lange in Saudi-Arabien lebte, konnte ich mir gut vorstellen, wie schwer es auch für Turki war, mit den Widersprüchen zweier Welten klarzukommen.

Prinz Turki gehörte zu den wenigen saudischen Männern, die ich wirklich mochte. Später, als ich Saudi-Arabien für immer verließ, unterstützte er mich, wofür ich ihm stets dankbar sein werde. Auch Latifa ist mir treu geblieben – sie ist die einzige saudische Frau, die bis heute zu mir gehalten hat.

Latifa und Turki lebten auf dem Anwesen von Turkis Vater, in einer von mehreren Villen, die er dort für seine Kinder gebaut hatte. Es waren keine Paläste: Latifa und Turki waren zwar Mitglieder des Königshauses, aber sie gehörten nicht zu einer bedeutenden Linie der al-Saud-Familie, die eines Tages den Thron erben könnte. Jeslam hatte vermutlich mehr Geld als sie.

Latifas Vater, Prinz Masur, war ein angesehener, älterer Verwandter von König Chaled. Wenn er verreisen wollte, bat er, die Privatmaschine des Königs benutzen zu dürfen – eine von mehreren mit einem voll ausgestatteten Operationsraum an Bord und reichlich Personal. Prinz Masur etwas abzuschlagen, war nicht leicht.

Prinz Masur war ein strenger Mann, und er verlangte von seiner Tochter bedingungslosen Gehorsam. Als Latifa acht Jahre alt war, trennte ihr Vater sich von ihrer Mutter – ihre Mutter wurde verbannt. Latifa sah sie erst nach ihrer Heirat mit Turki wieder, der seiner Frau den Kontakt mit ihrer Mutter gestattete.

Noch als Erwachsene folgte Latifa blind den Anordnungen ihres Vaters. Einmal, als Latifa in Europa war, fand ihr Vater plötzlich, sie sei schon zu lange auf Reisen. Er selbst weilte zu der Zeit auf einer seiner Besitzungen in Marokko – er wollte seine Tochter also nicht unbedingt sehen –, aber Prinz Masur verlangte von Latifa, dass sie umgehend nach Dschidda zurückkehrte. Obwohl Latifa zusammen mit ihrem Mann in Europa war, tat sie, wie ihr Vater ihr geheißen. Sie war freundlich und hellsichtig, aber Gehorsam war ihr in jede Zelle ihres Körpers eingebrannt.

Latifa war ein großartiger Mensch, aber sie war auch eine gute saudische Frau. Und als gute saudische Frau schuldete sie dem Patriarchen der Familie Respekt. Dem Patriarchen widerspricht man nicht. Nicht einmal ein erwachsener Sohn, wenn er bereits selbst eine Familie hat, würde es wagen, ungehorsam zu sein – eine Tochter schon gar nicht.

Wäre Latifa in Europa aufgewachsen, hätte sie mit ihrer Intelligenz etwas aus sich machen können – sie hätte stark und frei sein können. Sie hätte ihre Persönlichkeit erheblich weiterentwickeln können. Aber als Mädchen in Saudi-Arabien war sie natürlich zu Ergebenheit erzogen worden und hatte nur einen entsprechend schwachen Charakter herausbilden können. Sie war sehr fatalistisch. Wenn irgendetwas schief lief, sagte sie: »Es lohnt sich nicht, noch länger darüber nachzudenken, aus und vorbei.« In Latifa war kein Funken Widerstand mehr. Das Fragenstellen war ihr ausgetrieben worden. Ich glaube, man hatte ihren Willen gebrochen.

Latifa hatte Prinzessin Misch'al gekannt, die junge Frau, die der eigene Großvater hatte ermorden lassen, weil sie sich verliebt hatte. Das war zum Beispiel etwas, worüber Latifa nie nachdenken wollte.

Genau wie all die anderen saudischen Prinzen und Prinzessinnen – es müssen an die zehntausend sein – lebten Latifa und Turki fast ausschließlich von dem Geld, dass sie jedes Jahr aus der Staatskasse erhielten. Schon kleine Kinder erhalten dieses Einkommen: Es wird nach Alter, Machtstellung und Geschlecht bemessen. Mädchen erhalten halb so viel wie Jungen. Zusätzlich sind für Prinzen sämtliche Leistungen der öffentlichen Versorgungsbetriebe kostenlos, und viele (allerdings nicht Latifa und Turki) lassen sich ihren Einfluss bei der saudischen Regierung gut bezahlen, indem sie bei allen größeren Geschäftsabschlüssen einen nicht unerheblichen Prozentsatz »Provision« einstreichen.

Das ist das saudische System – eine immer größer werdende Ansammlung von Mitgliedern eines Königshauses, das den Ölreichtum des Landes als seinen persönlichen Schatz betrachtet. Abd al-Asis ibn Saud, der erste König, der Saudi-Arabien aus der Wüste erschuf, hatte mindestens siebzehn Frauen. Als er 1953 starb, hinterließ er vierundvierzig Söhne. (Ich glaube nicht, dass irgendwer weiß, wie viele Töchter er hatte. Selbst die Zahl seiner Ehefrauen ist Spekulation.) Vor seinem Ableben legte Abd al-Asis die Thronfolge fest. Saud, der älteste Sohn, würde der nächste König werden und der zweitälteste Sohn Faisal würde ihm zur Seite stehen. Wie in allen mächtigen saudischen Familien wurde der älteste Bruder Oberhaupt des Clans.

Aber König Saud war eine Katastrophe. Er war verschwendungssüchtig, zügellos und borniert, wohingegen Abd al-Asis knauserig und verschlagen gewesen war. 1958 erreichte die Unzufriedenheit mit Sauds Herrschaft ihren Höhepunkt, und eine Gruppe einflussreicher Prinzen und Religionsführer schaltete sich ein. Kronprinz Faisal regierte zwei Jahre lang in Sauds Namen das Land, aber Faisal wollte die exorbitanten Ausgaben der königlichen Familie einschränken, und so kam Saud 1960 wieder an die Macht. Unter Sauds Regierung dauerte es dann nur ein paar Jahre, bis das Land an den Rand des finanziellen Zusammenbruchs geriet. 1964 befand die Religionsführung, dass Saud unfähig sei, das Land zu regieren. Faisal wurde zum König ernannt, Saud ging ins Exil und lebte bis zu seinem Tod im Jahre 1969 in Europa.

König Faisal war ein bescheidener, würdevoller Mann, und seine Regierungszeit gilt allgemein als Segen für das Land. Doch im März 1975 – ich war in Kalifornien und zum ersten Mal schwanger – wurde Faisal von einem Neffen, einem radikalen Islamisten, erschossen.

Abd al-Asis hatte die Thronfolge festgelegt: Die Macht ging vom ältesten Sohn an den zweiten Sohn über. Es wäre also logisch gewesen, Abd al-Asis' dritten Sohn auf den Thron zu erheben. Das wäre Prinz Mohammed gewesen – ein brutaler und erzkonservativer Mann, auf dessen Konto später der Auftragsmord an seiner jungen Enkelin Prinzessin Misch'al gehen sollte.

Angeblich befürchtete die königliche Familie einen Krieg oder eine Rebellion, falls Prinz Mohammed den Thron bestieg. Was auch immer die wirklichen Gründe waren, Prinz Mohammed wurde jedenfalls überredet, auf den Thron zu verzichten, und Chaled, der vierte Sohn von Abd al-Asis, wurde nach Faisals Tod König.

König Chaled war ein gütiger und väterlicher Mann. Als er 1982 an einem Herzinfarkt starb, trat sein Bruder Kronprinz Fahd seine Nachfolge an. Fahd war zwar von der Rangfolge her nicht der nächste Thronanwärter, aber anscheinend hielt die königliche Familie ihn für den geeignetsten Kandidaten.

König Fahd regiert noch heute das Land, wenn auch gesundheitlich schwer angeschlagen. Sein Nachfolger wird wahrscheinlich sein Bruder Abdallah werden, der inzwischen über siebzig ist. Aber eindeutig geklärt ist nichts: Die Thronfolge ist nicht gesetzlich festgelegt, sondern das Ergebnis von Beratungen und Intrigen in geheimen Gremien aus Mitgliedern der königlichen Familie und der religiösen Führung. Angeblich ist König Fahd (oder sein Clan) gegen Abdallah, der erzkonservativ ist und die lockere Moral und die hohen Lebenskosten seiner Familie angeprangert hat. Man munkelt, dass heiße interne Auseinandersetzungen um die Nachfolge toben. Es ist eine seltsame Art von Nicht-System, und die unsichere Thronfolge hat zur Folge, dass zahllose Höflinge in ständige Machtkämpfe verstrickt sind und die Gerüchteküche warm halten.

Heutzutage ist der Bin-Ladin-Clan unter diesen Höflingen natürlich führend. Nach Salems Tod – er starb bei einem Flugzeugabsturz in Texas –, herrscht nun sein Bruder Bakr über die Familie. Bakr unterhält gute Kontakte zu König Fahds Lieblingssohn Abd al-Asis. Unter den Privilegierten am Hof ist er der Privilegiertesten einer. Und Bakrs hohes Ansehen und seine aufgeblasene, arrogante Art waren Jeslam immer ein Dorn im Auge.

Irgendwann im Jahre 1994 oder 1995 vertraute Jeslam mir an, dass es König Fahd immer schlechter gehe. Er sagte, Prinz Abdallah würde wahrscheinlich die Thronfolge antreten, und fügte hinzu, dass Prinz Abdallah der Förderer und Beschützer von Osama sei, der Saudi-Arabien hatte verlassen müssen, nachdem er den lockeren Lebenswandel der saudischen Prinzen öffentlich verurteilt hatte.

Osama war in den Sudan ins Exil gegangen, so erzählte Jeslam mir. Sein Lager würde von einer Gruppe bewaffneter Anhänger und von Panzern bewacht. Bald, das deutete Jeslam an, wenn Abdallah auf dem Thron sitze, werde Osamas Stern über der Bin-Ladin-Familie aufgehen. Dann würde Bakr schon sehen, was er davon hat.

Das war, bevor Osama seine Serie von Terrorangriffen auf Saudi-Arabien und den Westen startete. Mir ist nicht bekannt, in welchem Verhältnis Kronprinz Abdallah heute zu Osama Bin Ladin steht. Ich kann nur sagen, was Jeslam mir damals erzählt hat.

Bis heute rekrutieren sich die Könige von Saudi-Arabien aus den inzwischen betagten Söhnen von Abd al-Asis, der das Land gründete. Von seinen Enkelsöhnen hat noch keiner den Thron bestiegen – was mit ein Grund sein könnte, warum Saudi-Arabien sich einfach nicht verändert. Die Familie wächst weiter: Latifa erzählte mir, dass jeden Monat mindestens ein al-Saud-Kind das Licht der Welt erblickt – es gibt also inzwischen schon Ururenkel. Als ich in Saudi-Arabien lebte, hatte die königliche Familie über viertausend Prinzen und Prinzessinnen. Heute sollen es über fünfundzwanzigtausend sein.

Als Abd al-Asis ibn Saud sich 1932 zum König machte, war Saudi-Arabien ein bitterarmes Land. Sein erster Königspalast wurde aus denselben sonnengetrockneten Lehmziegeln gebaut, wie sie die Bauern verwendeten. Damals sprachen sich Scheichs und Beduinenhirten gegenseitig mit Vornamen an. Doch kurz darauf, noch in den 1930er Jahren, wurde das Öl entdeckt.

Da es Abd al-Asis' Land war – es wurde sogar nach ihm benannt –, ging man wohl selbstverständlich davon aus, dass der Ölreichtum grundsätzlich seinen Kindern zustand. Als ich in Saudi-Arabien lebte, erhielt jedes Mitglied der riesigen al-Saud-Familie genug Geld, um ein angenehmes Leben führen zu können.

Doch viele der Prinzen – diejenigen, die dem König am nächsten standen, oder einfach die korruptesten – steckten sich bei lukrativen Geschäftsabschlüssen, egal ob es um Aufträge für Straßenreinigungsarbeiten oder den Umbau eines Flughafens oder den Kauf moderner Waffen ging, zusätzlich hohe Provisionen in die eigene Tasche. Sie lebten in Saus und Braus. Öl war ihr ganz privater Reichtum.

Ich bin nie einem Saudi begegnet, der die Praxis der Prinzen, Provisionen einzustreichen – also Korruption, um das Kind beim Namen zu nennen –, als etwas Unmoralisches betrachtete. Trotzdem war es andererseits *haram*, für seine Ersparnisse bei der Bank Zinsen zu bekommen, weil der Koran »Wucher« verbietet. Solche Widersprüche konnte ich einfach nicht verstehen. Dennoch fand ich sie mitunter sogar komisch. Einmal zum Beispiel schuldete Jeslams Bruder Tareg einer Bank eine große Summe Geld. Er weigerte sich, Zinsen zu zahlen, mit der Begründung, das wäre unislamisch, und meines Wissens wurden daraufhin von ihm auch keine Zinsen verlangt.

Turki und Latifa bewegten sich nicht in den hohen

Sphären der Macht und ihr Jahreseinkommen lag weit unter den Millionen Dollar, die an die Brüder und Söhne des Königs ausgezahlt wurden. Zur Aufbesserung ihres Einkommens begann Turki im Bereich Innenarchitektur zu arbeiten. Damals kamen Innenarchitekten aus dem Westen in Scharen nach Dschidda. Alle Prinzen ließen ihre Häuser neu einrichten, wie im Rausch, weil alle es taten, aber niemand wusste genau, wie.

Es herrschte ein harter Konkurrenzkampf um die Prinzenhäuser: große Luxusvillen, die prächtigsten, die man für Geld kaufen konnte, wurden sechs Monate später von einer noch größeren, noch prachtvolleren Version übertrumpft. Marmor, wohin man blickte, Eingangshallen so groß wie Hotellobbys, protzige Kronleuchter – man kam sich vor wie in einem Möbelgeschäft, nichts passte zusammen und alles war eine Nummer zu groß.

Latifa und ich verabredeten uns, wir plauderten, liehen uns gegenseitig Videofilme. Wir gingen zusammen einkaufen. Einmal, als wir gemeinsam in Paris waren und sie und Jeslam mich bei Chanel drängten, ein wunderschönes, besticktes Haute-Couture-Kleid zu kaufen, lachte sie, als ich sagte, ich brächte es einfach nicht übers Herz, 60.000 Dollar für ein Kleid auszugeben, das ich in Saudi-Arabien nur einmal tragen könne. Latifa und ich gingen ins Kino; in *Sophies Entscheidung* mussten wir beide weinen. Wir sprachen über unsere Männer. Und häufig saß ich noch immer in ihrem Salon, wenn schon ihre Verwandten kamen und der Nachmittag in den Abend überging.

Etliche von den saudischen Prinzessinnen, die ich

damals und später kennen lernte, führten ein so dekadentes und träges Leben, dass es mich richtig anwiderte. Sie waren zu bedingungslosem Gehorsam und absoluter Dummheit erzogen worden. Manche waren mit Männern verheiratet, die mehrere Frauen hatten, und sie sahen ihre Gatten so gut wie nie. Einige waren geschieden. Um die Kinder kümmerten sich Bataillone von Hausangestellten. Materiell fehlte es diesen Prinzessinnen an nichts, und sie hatten absolut nichts zu tun.

Wie früher die Königinnen von Frankreich wohnten die Prinzessinnen in separaten Häusern, die neben denen ihrer Männer standen. Die Häuser der Frauen waren kleiner und hatten einen eigenen Fraueneingang; unter Umständen teilte man sich eine Küche, oder das Küchenpersonal war für beide Häuser zuständig, aber ansonsten hatte jeder seine eigene Dienerschar – die Frauen natürlich nur weibliches Personal. Die Fahrer waren männlich, aber wenn die Frauen irgendwohin wollten, begleitete sie jemand, damit sie nicht mit dem Fahrer allein waren. Die einzigen Männer, die diese Frauen je zu Gesicht bekamen, waren ihre Gatten und vielleicht noch ihre Väter und Brüder oder Söhne.

Die Prinzessinnen standen manchmal erst am Nachmittag auf, zogen sich an, telefonierten, spielten vielleicht noch mit ihren Kindern. Dann machten sie einen Einkaufsbummel. Einkaufen kann für viele Übel ein Trost sein, und für die Prinzessinnen war es eine Hauptbeschäftigung. Mittlerweile gab es teure Geschäfte nur für Frauen, mit Verkäuferinnen aus dem Libanon und aus Ägypten, und die Kundinnen konnten sich die Kleidungsstücke, die ihnen gefielen, ohne den schwarzen Schleier vor den Augen ansehen.

Zu Hause durften die Frauen Miniröcke von Yves Saint Laurent, schrilles Make-up und tiefe Ausschnitte tragen. Zu Hause durften sie praktisch tun und lassen, was sie wollten. Aber sie waren Gefangene. Draußen waren sie, genau wie ich, von Kopf bis Fuß in die Abaja gehüllt. Als würde man ein Gefängnis am Leibe tragen.

Zu dieser Zeit hatten in Saudi-Arabien auch die ersten Restaurants aufgemacht. Einige hatten »Familienbereiche« eingeführt, wo Mann und Frau mit den Kindern sitzen konnten – die Frau musste ihre Spaghetti natürlich mit dem Schleier vor dem Gesicht essen, um bloß keinen Zentimeter Haut zu entblößen. Es gab aber auch Restaurants, die einen reinen Frauenbereich hatten, wo die weiblichen Gäste den Schleier abnehmen durften, und wenn der Kellner kam, klopfte er vorher an, damit sie sich rasch verhüllen konnten, ehe er den nächsten Gang oder eine frische Flasche Perrier servierte. Somit hatten sie also eine weitere Beschäftigung: Essen gehen in einer seltsamen, traurigen Spielart von Restaurant.

Wenn es Abend wurde, besuchten die Prinzessinnen sich gegenseitig oder bereiteten sich auf das Abendessen vor – ein Essen nur für Frauen. Häufig waren die Männer im Haus nebenan beim Essen zu hören. Die Ehefrau rief dann vielleicht sogar ihren Mann an, der nur wenige Schritte entfernt war, um ihm die eine oder andere Köstlichkeit zu empfehlen. Die Unterhaltungen drehten sich überwiegend um Kleidung, oder es wurde getratscht. Die Unwissenheit dieser Frauen war bodenlos: als hätten sie nie eine Schule besucht. (Auch ihre Kinder waren ungebildet: Ein kleiner Prinz ließ sich nun mal von keinem Lehrer etwas sagen.) Das Essen war nie besonders gut, aber es wurde reichlich aufgetischt: große Eintöpfe mit Bohnen und Reis und üppig gefüllte Körbe mit Obst, das nach nichts schmeckte.

Viele Prinzessinnen lebten von Tabletten – auf Rezept natürlich. Wenn sie in London waren, ging es schnurstracks zu den teuersten Ärzten oder sie ließen in Kliniken alle möglichen Untersuchungen machen. Einige hatten einen Fitnessraum und einen Swimmingpool im Haus, aber ich habe nie jemanden schwimmen sehen. Diese Frauen waren einfach nicht zur Vernunft zu bringen.

Oft hatten sie Probleme mit der Knochendichte, weil sie kaum mal die Sonne sahen und keinen Sport trieben, sie hatten Herzprobleme vom übermäßigen Essen und jede Menge psychosomatische Störungen. Ich bin sicher, nicht wenige dieser Frauen hatten auch Depressionen. Sie lebten neben Ehemännern, denen sie nahezu fremd waren – manche Männer hatten Nebenfrauen –, und in der bedrohlichen Unsicherheit, dass sie vielleicht eines Tages die Scheidung erwartete. Sie hatten keinerlei Aufgaben und konnten nichts entscheiden. Sie lebten in völliger Abhängigkeit, faul und träge, wie die Maden im Speck, in einer Art Wachschlaf. Das war kein Leben.

Wenn ich nicht meine Töchter gehabt hätte, wäre

ich vielleicht genauso geworden wie sie und würde noch heute in ihrer Mitte leben.

Viele Prinzessinnen hatten Affären untereinander. Sie verliebten sich leidenschaftlich, wurden eifersüchtig, machten sich gegenseitig Szenen. Ich fand das eigentlich traurig. Lesbischsein ist eine Sache, aber wenn eine Frau beim gleichen Geschlecht Zuflucht sucht, weil sie vom Ehemann links liegen gelassen wird und beide ohnehin nichts verbindet, ist das doch etwas anderes. Ich fragte mich oft, ob die homosexuelle Neigung dieser Frauen nicht auch von der strengen Geschlechtertrennung herrührte, die es Männern und Frauen schier unmöglich machte, ganz selbstverständlich miteinander umzugehen.

Wir hatten alle gerüchteweise gehört, dass in Riad lesbische Partys stattfanden, wo Frauen sich trafen und Kontakte knüpften. Ich wusste von einer Ägypterin, die mit einem prominenten Saudi verheiratet war und sich in eine Prinzessin verliebt hatte. Sie war todunglücklich, als die Prinzessin sich von ihr trennte. Sogar eine meiner Schwiegermütter, die in Riad lebte, war angeblich lesbisch. Wahrscheinlich erzählte man sich in Riad, dass in Dschidda solche Partys stattfanden. Ich selbst war nie auf so einer Party, aber einmal wurden mir auch von einer Frau Avancen gemacht. Ich fand das alles nur merkwürdig.

Die meisten Männer hatten vermutlich keine Ahnung, dass ihre Frauen mit anderen Frauen schliefen. Aber wenn manche doch davon erfuhren, unternahmen sie nichts dagegen, weil es ihnen im Grunde egal war. Frauen sind für einen saudischen Mann nicht wirklich wichtig. Wichtig ist – sogar sehr wichtig –, sie zu besitzen, doch sobald sie im Haus eingesperrt sind und Nachwuchs produzieren, sind ihre Gedanken und Gefühle nicht mehr von Belang.

Homosexualität ist in Saudi-Arabien verboten und wird mit öffentlichem Auspeitschen bestraft. Dennoch haben viele Männer homosexuelle Beziehungen, vor allem, wenn sie jung und noch unverheiratet sind. Es schockiert niemanden, wenn zwei Männer Hand in Hand über die Straße gehen, aber die Leute wären entsetzt, wenn ein Ehemann mit seiner Frau in der Öffentlichkeit Händchen halten würde. Im Nu wäre die Religionspolizei da und würde sie mit Schlagstöcken auseinander treiben. Aber Homosexualität hört bei Männern natürlich nicht immer auf, wenn sie keine Teenager mehr sind, und das ist bei den al-Saud-Prinzen ebenso der Fall wie bei Normalsterblichen – vielleicht sogar noch häufiger. Man hört so einiges. Ein Innenarchitekt aus Europa sagte einmal zu mir, dass es seiner Meinung nach in Saudi-Arabien mehr Schwule gebe als in Europa.

Ein saudischer Bekannter von uns – dessen Frau wir ebenfalls gut kannten – tauchte irgendwann in seinem blauen Porsche bei uns in der Schweiz auf, mit einem offensichtlich schwulen Deutschen auf dem Beifahrersitz. Ich wusste nicht, ob die beiden etwas miteinander hatten, und es war mir auch egal – jeder soll nach seiner Fasson selig werden. Aber eins wusste ich: Unserem Bekannten wäre nicht im Traume eingefallen, uns mit einer Frau zu besuchen, mit der er nicht verheiratet war. Diese Heuchelei machte mir schwer zu schaffen.

Ich lernte nicht viele al-Saud-Prinzen kennen. Ich weiß aber, dass es unter ihnen, genau wie bei den Prinzessinnen, Parasiten gab, die verschwendungssüchtig, ungebildet und zügellos waren. Im Westen machen sie oft genug von sich reden. Ich hörte gerüchteweise von ganzen Flugzeugen voller Callgirls, die man übers Wochenende aus Paris einfliegen ließ. Ich weiß nicht, ob an diesen Gerüchten etwas dran ist – man muss schon sehr weit oben in der Hierarchie stehen, um für eine solche Crew problemlos Fluggenehmigung und Einreiseerlaubnis zu bekommen. Falls solche Partys in Dschidda tatsächlich stattgefunden haben, hat Jeslam mir jedenfalls nichts davon erzählt.

Aber ich bekam sehr wohl mit, wenn Prinzen wegen Heroin-, Kokain- oder Alkoholsucht in Genf in Entzugskliniken gingen. Und ich hörte natürlich von den obszönen Sexorgien in Europa, die kein Geheimnis waren.

Nicht alle Prinzen waren verlogene Heuchler. Die al-Sauds haben auch eine respektable Seite. Im Sommer, wenn der al-Saud-Hof in Europa weilte, trafen Jeslam und ich uns häufig in Genf mit Prinz Madschid und später mit Prinz Meschal. Wenn Jeslam sie zu uns nach Hause einlud, zog ich mich in die oberen Räume zurück: Sie waren noch von der alten Schule. Sie mussten sich ihren Lebensunterhalt zwar nicht selbst verdienen, aber sie hatten Würde und eine echte Frömmigkeit.

Einmal war ich in Genf in einem knielangen Kleid auf einem Einkaufsbummel, als ich Jeslam und Prinz Meschal auf der anderen Straßenseite sah. Jeslam kam zu mir herüber, doch Prinz Meschal blieb, wo er war, und hielt den Blick leicht abgewendet. Selbst in der Schweiz schaut ein Saudi nicht die Frau eines anderen Saudi an.

Im Ausland war ich frei. Ich wollte wirklich nicht auch in Europa noch mit den al-Sauds zu tun haben müssen. Jeslam hätte es sicher gern gesehen, wenn ich den Ehefrauen und dem Gefolge der Prinzen, die häufig ganze Etagen in den besten Hotels der Stadt mieteten, meine Aufwartung gemacht hätte. Obwohl ich mich möglichst wenig um sie kümmerte, fühlte selbst ich mich manchmal verpflichtet, ihnen einen Besuch abzustatten. Ich hatte das Gefühl, wieder nach Dschidda zu kommen, sobald ich aus dem Fahrstuhl in die für Frauen reservierte Hoteletage trat. Alles war wie in Dschidda: das Personal, der penetrante Räucherstäbchengeruch, die Verhaltensweisen.

Einmal saß ich bei einem Bankett in der saudischen Botschaft in Genf neben einer Tochter von Prinz Meschal, einer aufbrausenden, herrischen Frau. Irgendwann gab sie die Geschichte zum Besten, König Faisal habe ihr persönlich erzählt, er hätte einmal gesehen, wie ein Mann einen anderen Mann in der Luft hatte schweben lassen. Ich sagte zu ihr – keineswegs in beleidigendem Ton: »Das glaube ich nicht.« Sie war so empört über meine Äußerung, dass sie sich ostentativ von mir wegdrehte und den ganzen Abend kein Wort mehr mit mir wechselte. Wie viele Angehörige des saudischen Königshauses konnte sie keinen Widerspruch ertragen – schon gar nicht von einer Ausländerin.

Ich hatte keine Lust, für diese Frauen auf Abruf parat zu stehen und sie beispielsweise auf ihren ausschweifenden Einkaufstrips zu begleiten, für die sie sich verkleideten wie Wesen von einem anderen Stern. Wohin sie auch gingen, sie hatten Saudi-Arabien bei sich – und dort wollte ich nicht sein. Während der Wochen in der Schweiz konnte ich ich selbst sein und genoss es in vollen Zügen. Saudi-Arabien konnte mir gestohlen bleiben.

18

Adieu Saudi-Arabien

Jeslams private Geschäfte gingen immer besser, und auch das Bin-Ladin-Unternehmen florierte. Anscheinend machte jeder in Saudi-Arabien Geld mit irgendwelchen gigantischen Bauprojekten, die fast täglich aus dem Wüstensand gestampft wurden. Seit drei Jahren hatte Jeslam das einzige Brokerbüro im Land, die großen Kaufmannsfamilien wie auch die Bin-Ladin-Brüder ließen ihr Geld von ihm anlegen. (Zu dieser Zeit scheuten die meisten saudischen Prinzen sich noch, Jeslam mit Investitionen zu betrauen – sie wollten nicht, dass ein anderer Saudi wusste, wie viel Geld sie wirklich besaßen.)

Aber Jeslam litt weiterhin unter ständigen Beschwerden. Er war gereizt. Mein Mann wurde immer kindischer und fordernder, kreiste nur noch um sich selbst und seine mehr oder weniger eingebildeten Krankheiten und interessierte sich kaum noch für die Bedürfnisse der Kinder.

Zu Anfang hatte ich Jeslams saudische Nationalität als eher unbedeutendes Detail betrachtet, jetzt jedoch schien er langsam, aber sicher zu einem immer überzeugteren Saudi zu werden. Er zwang uns die saudische Kultur auf. Die Mädchen waren nicht mehr ganz so klein, und Jeslam kritisierte nun häufiger ihr Verhalten und verlangte, dass sie sich saudischer kleideten.

Er stauchte die Mädchen zusammen, wenn sie enge Sachen oder knappe Shorts trugen und bestand darauf, dass sie sich umzogen, wenn wir ausgehen wollten – sogar in Genf. Er vernachlässigte uns, scheuchte die Kinder weg, wenn er unpässlich war. Er hatte mir stets die Erziehung unserer Töchter überlassen, weil er Vertrauen in mein Urteilsvermögen hatte. Aber jetzt wollte er einfach nicht mehr gestört werden.

Während Jeslam saudischer wurde, wurde Saudi-Arabien schizophrener. Diejenigen Prinzen, die schon immer einen Hang zur Zügellosigkeit gehabt hatten, frönten weiterhin ihrem ausschweifenden Lebenswandel, während das Königshaus seinen Untertanen noch mehr Beschränkungen auferlegte. Extremistische Ideen fanden immer mehr Gehör.

Einige Bin-Ladin-Schwestern beklagten zunehmend, dass ihre Kinder zu vielen westlichen Einflüssen ausgesetzt seien. Dann schlugen die verbissensten Schwägerinnen ihre Lösung für das Problem vor: Sie wollten in Dschidda eine Mädchenschule aufmachen, in der größerer Wert auf die islamische Unterweisung gelegt werden solle. Sie forderten mich auf, Waffa und Nadscha ebenfalls auf die neue Schule zu schicken. Viele von den übrigen Schwägerinnen meldeten ihre Kinder dort an.

Früher hätte ich eine spöttische Bemerkung gemacht oder in einer Diskussion mit meinen Schwägerinnen zu erklären versucht, warum ich die Idee für falsch hielt. Jetzt lächelte ich bloß und murmelte, dass meine Kinder mit ihrer Schule ganz zufrieden seien. Ich hatte keinen Elan mehr, mich noch mit ihnen anzulegen. Ich wusste, dass es keinen Sinn hatte. Meine Hoffnungen auf wirkliche Veränderungen waren inzwischen vollends zunichte. Niemand – nicht einmal Jeslam – hätte noch verstanden, wie entsetzlich ich die Vorstellung fand, meine Töchter auf eine noch strengere Schule zu schicken.

Nur eine Hand voll Cousinen kamen in dem Jahr auf die Geburtstagsparty meiner Kinder. Meine Schwägerinnen konnten die Musik und das Tanzen wohl nicht länger tolerieren. In ihren Augen näherten sich meine Töchter der Pubertät, und das bedeutete, dass sie sich mehr wie zukünftige Saudi-Frauen benehmen sollten, nicht wie alberne kleine Mädchen aus dem Westen.

Jeslam und ich verbrachten inzwischen alle Schulferien der Kinder in unserem Haus in der Schweiz. 1985 wurde es unser richtiges Zuhause, für immer. Im Sommer jenes Jahres klagte Jeslam wie üblich unentwegt über Beschwerden – seine Lunge war angegriffen, sein Herz war schwach, sein Magen schmerzte. Als der September kam und es Zeit wurde, nach Dschidda zurückzukehren, weil die Schule wieder anfing, stellte ich fest, dass Jeslam noch immer keine Flugtickets gekauft hatte. Er sagte, es gehe ihm einfach noch zu schlecht.

Die Tage verstrichen. Ich war froh, dass die Kinder noch ein paar unbeschwerte Sommertage hatten, bevor sie der düstere Schulalltag in Dschidda wieder einholte, aber als dann auch noch der September zu Ende ging, wurden die Kinder zappelig. Ich erklärte Jeslam, dass die Kinder zur Schule müssten, irgendwo. Wenn er unseren Rückflug nicht bis Mitte Oktober reserviert hätte, würde ich die Mädchen auf einer Schule in Genf anmelden müssen.

Ich hielt den Atem an. Am 15. Oktober hatte Jeslam noch immer nichts unternommen. Ich fuhr heimlich zu einer internationalen Schule außerhalb von Genf. Es war wie ein Traum – Computerlabore, Sprachlabore, Sportanlagen, Kunstunterricht. Es war eine gemischte Schule. Die Kinder hatten überwiegend Eltern, die bei den Vereinten Nationen arbeiteten, und sie waren aufgeweckt, fröhlich, ohne Angst. Ich sprach mit der Schulleitung, erklärte die Situation und meldete Waffa und Nadscha für das Schuljahr an. Dann fuhr ich nach Hause und teilte Jeslam mit, dass ich die Mädchen vorläufig an einer Schule angemeldet hätte.

Am ersten Schultag trugen Waffa und Nadscha Jeans, wie alle anderen Kinder auch. Als sie nach Hause kamen, sprudelten sie förmlich über vor Begeisterung. Sie hatten Jungen in der Klasse! Es gab keinen Religionsunterricht, kein stundenlanges Auswendiglernen des Korans mehr, es wurde im Unterricht diskutiert! Die Mädchen hatten Sport – sie könnten Tennis und Fußball spielen! Sie könnten ein Instrument lernen, in der Theatergruppe mitmachen! Meine Töchter hatten zwar vieles aufzuholen – im Französischunterricht natürlich, aber auch in Mathe und Geographie –, aber sie waren begeistert. Und ich auch.

Ich hütete mich aber vor überschwänglicher Freude – das alles war zu schön, um lange zu währen. Es würde schlagartig zu Ende sein, wenn Jeslam beschloss, mit uns nach Dschidda zurückzukehren, in ein Leben, das für die Mädchen um ein Vielfaches schwerer sein würde, nachdem sie die Freiheiten hier genossen hatten. Aber trotzdem – innerlich jubelte ich.

Im November fand ein Gipfeltreffen zwischen Michail Gorbatschow und Ronald Reagan in unserem Dorf bei Genf statt, in einem Haus ganz bei uns in der Nähe. Es wimmelte von Armeefahrzeugen, und auf allen Zufahrtsstraßen waren Kontrollpunkte eingerichtet worden. Jeslam empfand die Atmosphäre als bedrohlich und meinte, es sei zu gefährlich für uns, im Dorf zu bleiben. Mir dagegen war völlig klar, dass unser Dorf zu diesem Zeitpunkt wahrscheinlich der sicherste Ort auf Erden war, aber gegen Jeslams Ängste halfen keine Argumente. Er wollte, dass wir nach London fuhren, bis das Gipfeltreffen vorüber sei.

Die Kinder hatten gerade erst in der Schule angefangen. Ich fand es unfair, sie schon wieder aus allem herauszureißen. Und ich wollte keinen Präzedenzfall schaffen – es war mir so wichtig, dass sie einmal ein ganzes, unbeschwertes Schuljahr in der Schweiz verbrachten. Um Jeslam zu beruhigen, erklärte ich mich daher einverstanden, mit ihm nach London zu fahren, und engagierte für ein paar Tage eine Frau, die sich zusammen mit meiner lieben Dita, unserem treuen philippinischen Kindermädchen, um die Kinder kümmerte.

Erst als wir im Flugzeug saßen, machte ich mir bewusst, dass Jeslam, der unser Haus doch in einer Gefahrenzone wähnte, die Kinder trotzdem dort gelassen hatte. Ich wusste, dass sie in Sicherheit waren, aber Jeslam hatte Angst gehabt, dass etwas passieren könnte. Wenn man seinen Ängsten glaubte, hatte er die Kinder im Stich gelassen. Ich wandte den Kopf und musterte

Jeslam auf dem Platz neben mir. Wenn wir mal wirklich in Gefahr sind, dachte ich, wird Jeslam dann als Erster Reißaus nehmen? Denkt er denn nur noch an sich?

Beruflich jedoch war Jeslam noch immer einsatzfähig. Er hatte bereits eine Firma mit Niederlassung in Genf. Jetzt traf er sich regelmäßig mit den saudischen Prinzen, die in Genf Urlaub machten, pflegte private und geschäftliche Kontakte zu ihnen und wurde für einige zur Vertrauensperson. Jeslam kannte Leute an der saudischen Botschaft und bei Saudia, der nationalen Fluggesellschaft, und die hielten ihn darüber auf dem Laufenden, wer alles nach Genf kommen würde. Jeslam begrüßte die Prinzen dann am Flughafen und leistete ihnen Gesellschaft. Einer von ihnen war Prinz Meschal, einer der einflussreichsten saudischen Prinzen, ein Bruder von König Chaled und dessen Nachfolger König Fahd.

Jeslam hatte schon immer großen Wert auf seine Kleidung gelegt. Jetzt war er nicht mehr zu bremsen. Er wetteiferte mit Prinz Meschal regelrecht um das eleganteste Outfit. Jeslam hatte bestimmt an die dreihundert Anzüge, selbstverständlich alle maßgeschneidert. Jeslam sagte immer, König Fahd würde alle Rechnungen für Prinz Meschal bezahlen, damit Meschal dafür auf die Thronfolge verzichtete. Vom Alter her wäre Meschal nämlich der rechtmäßige Nachfolger von Kronprinz Abdallah, aber Fahd, so erfuhr ich von Jeslam, hatte andere Pläne für das Königreich. König Fahd war daher bereit, Meschals Geburtsrecht auf den Thron förmlich zu kaufen.

Die Kinder kamen gut in der Schule zurecht, was

mich ungeheuer freute. Sie waren richtig glücklich, und als das erste Halbjahr endete, meinten die Lehrer, dass die beiden ihren Lehrplan rasch aufholten. Aber ich fühlte mich außerstande, Jeslam zu helfen, der immer nervöser und distanzierter wurde. Für dieses Problem konnte ich keine Lösung herbeizaubern.

Ich fühlte mich inzwischen mehr und mehr allein mit meinem Mann. Selbst wenn Jeslam körperlich präsent war, wirkte er emotional abwesend. Einfache Dinge – den Kindern beim Spielen zuschauen oder mit ihnen schwimmen oder lesen – interessierten ihn nicht mehr. Mir gegenüber klagte Jeslam ständig über Unwohlsein und sprach fast nur noch über seine Beschwerden und die familiären Probleme. Richtig gesund und munter fühlte er sich anscheinend nur, wenn er mit den saudischen Prinzen zusammen war.

Ich fühlte mich einfach nicht mehr stark genug, um ohne jede Hilfe eine ganze Familie zu tragen. Ich wollte ihn aus seiner depressiven Stimmung herausreißen, in der sich alles nur noch um ihn und seine Beschwerden drehte. Ich machte mir Sorgen um Jeslam – ich ahnte, dass er professionelle Hilfe brauchte und ich nicht dazu in der Lage war. Es ist schwer mit anzusehen, wie jemand ständig unter Symptomen leidet, die offenbar psychosomatisch sind. Es kam oft vor, dass wir uns schick machten und zu einer Verabredung mit anderen in die Stadt fuhren, um dann auf halber Strecke wieder kehrtzumachen – Jeslam fühlte sich den Anforderungen nicht gewachsen.

Paradoxerweise wurde Jeslam, jetzt da wir in Europa waren, immer saudischer. Ich weiß nicht, woran es lag, vielleicht an seinem schlechten Gewissen, weil wir nun in Europa lebten. In Saudi-Arabien hatten wir beide aufgrund unserer gemeinsamen Probleme mit der saudischen Gesellschaft privat Kontakt zu Leuten aus dem Westen gesucht. Jetzt wo wir in einer modernen Gesellschaft lebten, war Jeslam am liebsten mit Saudis zusammen, fieberte der Ankunft der Prinzen entgegen. Er brauchte anscheinend seine Wurzeln, und im Umgang mit mir und den Kindern wurde er immer herrischer.

Jeslam schrieb uns vor, wie wir uns zu kleiden hatten – nichts, was zu kurz war und zu viel Haut sehen ließ – und wie wir leben sollten. Ich lebte zwar nun in der freien Welt, merkte aber, dass ich stets für Jeslam da sein musste. Ich durfte nicht mehr ohne ihn ausgehen; er begleitete mich sogar, wenn ich mich mit Freundinnen zum Mittagessen traf. In Saudi-Arabien, in einer geschlossenen Gesellschaft, hatte Jeslam mir kleine Freiheiten eingeräumt. Jetzt jedoch, im freien Westen, hielt er mich fest im Griff.

Ich weiß nicht, ob es der Einfluss der saudischen Männer war, mit denen er viel Zeit verbrachte, aber Jeslam begann Affären mit anderen Frauen. Irgendwann im Frühjahr klingelte das Telefon. Ein Mann sagte: »Bestellen Sie Ihrem Mann, er soll die Finger von meiner Frau lassen.« Es war der Mann von Jeslams Sekretärin. Ich war am Boden zerstört. Ich hatte gedacht, Jeslam wäre mit den Prinzen unterwegs, wenn er abends spät nach Hause kam. Er hatte nicht viele Freunde, deshalb war ich einfach davon ausgegangen, es hätte geschäftliche Gründe, wenn er abends wegging. Er hatte mich also belogen. Ich war tief erschüttert.

Jeslam sagte, ich sei hysterisch, als ich ihn darauf ansprach. Zuerst stritt er alles ab, beteuerte, er habe nichts mit anderen Frauen. Doch als ich damit drohte, ihn zu verlassen, geriet er in Panik. Wir versöhnten uns zwar wieder, aber in unserer Ehe stimmte es offensichtlich nicht mehr.

Ich wurde ein weiteres Mal schwanger. Mir war klar, dass ich dieses Kind auf jeden Fall behalten würde, komme, was da wolle: Das Kind war von Gott gesandt. Als Jeslam tatsächlich von mir verlangte, noch einmal abzutreiben, erfasste mich regelrecht Abscheu. Wie konnte er mir diesen furchtbaren Eingriff mit seinen langwierigen, traurigen Folgen nur wieder zumuten wollen? Niemals, erwiderte ich. Auf gar keinen Fall. Nie wieder.

Im Nachhinein vermute ich, dass das der Punkt war, an dem Jeslam sich von mir endgültig im Stich gelassen fühlte. Ich wollte das Kind bekommen, obwohl er dagegen war. Das war das Ende meiner Ehe: meine Weigerung, sein Zorn.

Aber vielleicht hatte der lange, traurige Prozess, der zum Scheitern meiner Ehe führte, schon früher begonnen, in Saudi-Arabien, als Jeslams selbstbewusste, westlich geprägte Persönlichkeit erste Risse bekam. Vielleicht lag es an den ständigen Reibereien unter den Brüdern und ihrem verdeckten Kampf um Geld, Macht und Prestige. Oder vielleicht lag es an den Ereignissen des Jahres 1979, die sich verheerend auf meinen Mann, ja auf sein ganzes Land, auswirkten. Nach der Mekka-Revolte war in Saudi-Arabien nichts mehr wie vorher. Von diesem Moment an, so glaube ich, wurden die Spannungen zwischen fundamentalistischem Extremismus und den aus dem Westen importierten Vorstellungen von materiellem Reichtum unerträglich. Erst da erkannte Saudi-Arabien, dass seine Kultur sich in eine moderne Wirtschaft und einen uralten Gesellschaftskodex aufspaltete – Widersprüche, die die saudische Kultur nicht lösen konnte oder wollte. Vielleicht war es diese Spannung, die auch Jeslam letztlich nicht mehr verkraftete.

Oder vielleicht lag es an dem Paradox, dass Jeslam, als wir Saudi-Arabien verließen, noch saudischer wurde. Mit seiner Familie in einem fremden Land zu leben, bewirkte mit zunehmendem Alter, dass er seine kulturellen Wurzeln stärker spürte.

Was auch immer ausschlaggebend war – wann genau der Wind endgültig umschlug –, Tatsache war, dass Jeslam sich verändert hatte. Während der gesamten Schwangerschaft sprach Jeslam kaum ein Wort mit mir. Er war kalt, schweigsam, abweisend. Oft kam er erst sehr spät in der Nacht nach Hause, manchmal um drei oder vier Uhr morgens. Mein Mann war wirklich ein Fremder für mich geworden.

Als das Baby geboren wurde, nannte ich sie Nur – das Licht. Und sie wurde tatsächlich mein Licht, später, wenn die Welt um mich herum mir manchmal so dunkel erschien. Die kleine Nur war kaum auf der Welt und war schon so goldig, mit ihren großen, neugierigen Augen – kein bisschen runzlig und rot wie die meisten Babys kurz nach der Geburt, sondern von Anfang an mit einem friedlichen, klaren Blick.

Nach Nurs Geburt gab Jeslam sich Mühe. Er war lieb zu der kleinen Nur und sogar auch zu mir. Er wollte, dass ich früh aus der Klinik nach Hause kam, was ich auch tat. Ich musste Nur noch dort lassen, weil sie leichte Gelbsucht hatte. Ich war natürlich tagsüber meistens in der Klinik, um Nur zu stillen, und Jeslam kam mindestens einmal am Tag mit.

Ein Teil von mir versuchte, mir einzureden, dass Jeslam glücklich war. Wahrscheinlicher ist jedoch, dass er damals schon wusste, dass es mit uns bald zu Ende wäre. Wahrscheinlich war er glücklich, weil er jemand anderen hatte. Mir war klar, dass irgendetwas zwischen uns zerbrochen war, aber ich wusste nicht, wie ich es kitten sollte. Ich telefonierte stundenlang mit Mary Martha, weil ich ihren Trost brauchte.

Nur war im April 1987 zur Welt gekommen. Im September sah ich Jeslam mit einer anderen Frau. Ich konnte in der Nacht nicht einschlafen und setzte mich, wie ich das öfter tat, ins Auto, um ein wenig durch die Stadt zu fahren. (Aus unerfindlichen Gründen hatten Autos schon immer eine beruhigende Wirkung auf mich.) Als ich zufällig an Jeslams Büros im Stadtzentrum vorbeikam, sah ich seinen Wagen dort stehen. Also parkte ich und wartete. Um ein Uhr morgens kam er heraus – mit einer Frau.

Ich stellte ihn zur Rede. Jeslam stritt ab, die Frau zu kennen, aber es war eine offensichtliche Lüge. Ich wusste, dass es besser wäre, ihn sofort zu verlassen, aber ich wollte den Kindern nicht wehtun. Und meine größte Angst war, dass er versuchen würde, sie mir wegzunehmen – um sie nach Saudi-Arabien zu bringen. Ich war ausgelaugt. Ich hatte nicht die Kraft für den Kampf, der mir mit Sicherheit bevorstehen würde.

Dann legte mir Jeslam eines Nachmittags eine notarielle Vereinbarung vor, die ich unterschreiben sollte. Es war eine Art Ehevertrag, den man normalerweise vor der Ehe abschließt: Er führte auf, was mir im Falle einer Trennung gehören würde und was nicht. Jeslam sagte, es gehe ihm dabei um die Sicherheit der Kinder. Als ich zögerte – als ich sagte, mir sei nicht klar, wie diese Vereinbarung die Kinder schützen solle –, fuhr Jeslam aus der Haut.

»Hör mal, ich hab Nur nicht gewollt, aber du hast sie trotzdem gekriegt«, sagte er. »Wenn du keine Probleme willst – wenn du willst, dass ich sie akzeptiere –, unterschreib das.«

Ich war ein Wrack, physisch und psychisch. Die einsame Schwangerschaft und die nervöse Anspannung der vergangenen Monate hatten mich erschöpft. Jeslam drohte mir. Immer wieder sagte er, er würde mir Waffa und Nadscha wegnehmen. Er setzte mich permanent unter Druck. Ich wusste, dass er nach Schweizer Recht allein mit den Kindern in Urlaub fahren dürfte. Und ich wusste, dass ich die Kinder nie wiedersehen würde, wenn sie Saudi-Arabien je wieder betraten. Keine Regierung der Welt würde sie mehr zurückholen können.

Ich fühlte mich in die Enge getrieben, durch meinen eigenen Mann. Für mich zählte nur noch, dass er meine Töchter nicht bekam. Ich gab nach und unterschrieb das Dokument, aus Furcht und um des lieben Friedens willen. Jeslams Schikanen mussten endlich aufhören.

Doch danach wurde es nur noch schlimmer. Jeslam veränderte sich nicht, wie ich das erhofft hatte. Er war unterkühlt, nur selten zu Hause. Mein eigener Gesundheitszustand verschlechterte sich. Ich magerte ab, bekam keinen Bissen mehr runter, war kaum noch in der Lage, mich um die Kinder zu kümmern. Im Oktober musste ich für ein paar Tage ins Krankenhaus, wo ich intravenös ernährt wurde. Ich wog gerade mal fünfundvierzig Kilo.

Um für die Mädchen den Schein eines intakten Familienlebens zu wahren, fuhr ich mit ihnen und der kleinen Nur über Weihnachten zum Skifahren in die Berge. Jeslam wollte nachkommen, aber er rief an und sagte, Prinz Meschal sei in der Stadt. Ein Teil von mir wollte ihm glauben, aber ich wusste, dass er log.

Am Silvesterabend ging Jeslam aus, kam aber schon früh wieder nach Hause. Er ging ins Bett – wir schliefen mittlerweile getrennt. Wiederholt klingelte das Telefon, aber wenn ich abhob, wurde jedes Mal sofort aufgelegt. Ich weckte Jeslam und sagte ihm, da versuche wohl jemand, ihn zu erreichen. Am nächsten Morgen ging er früh aus dem Haus und als er wiederkam, sagte er, die Anrufe in der Nacht seien wahrscheinlich alberne Neujahrsscherze von einem Betrunkenen gewesen.

Ich war angeschlagen, aber ich war keine Idiotin. Vielleicht hätte ich anders reagiert, wenn Jeslam ehrlich zu mir gewesen wäre, aber seine unverfrorenen Lügen konnte ich nicht länger hinnehmen. Wir gerieten in Streit. Jeslam kochte vor Wut. Ich bat ihn zu gehen. Er knallte die Tür zu und ging.

Damit veränderte sich am Neujahrstag 1986 mein Leben.

Es folgte eine bittere und anstrengende Zeit, auf die

ich lieber nicht näher eingehen möchte. Ich blieb mit den Mädchen in der Schweiz. Die Familie Bin Ladin wollte nichts mehr mit den Kindern zu tun haben. Einmal besuchte ich Jeslams Bruder Ibrahim, der mir ein guter Freund gewesen war, und bat ihn, Jeslam zur Vernunft zu bringen. Aber Ibrahim erwiderte: »Carmen, auch wenn du noch so sehr Recht hast, mein Bruder hat niemals Unrecht.«

Ein anderes Mal sah Nadscha ihre Großmutter Om Jeslam und ihre Tante Fauzia zufällig in Genf auf der Straße. Die Frauen wandten sich von meiner kleinen Tochter ab, die doch praktisch bei ihnen aufgewachsen war. Niemand aus der Familie Bin Ladin, nicht einmal die, die mich mochten, hatten den Mut, Jeslam die Stirn zu bieten und sich mit mir oder den Kindern, die sie doch von klein auf kannten, in Verbindung zu setzen.

Unsere Scheidung war eine Schlammschlacht. Jeslam mobilisiert bis heute all seinen Einfluss und sein Geld, um mich unter Druck zu setzen und sich an mir zu rächen. Obwohl er mir das Gegenteil versprochen hatte, bestand er auf seinem Recht, Nur mit nach Saudi-Arabien zu nehmen – nicht Waffa und Nadscha. Er fürchtete wohl, die beiden Älteren könnten sich weigern. Er kämpfte verbissen um jede Kleinigkeit und verzögerte das Verfahren so lange wie möglich, um seine Vermögenslage unter Verschluss zu halten und weder die Kinder noch mich finanziell unterstützen zu müssen.

Der wohl schlimmste Moment unserer langen gemeinsamen Geschichte kam für mich, nachdem mir das Sorgerecht für die Kinder zugesprochen worden war. Jeslam behauptete, nicht der Vater von Nur zu sein. Ich fand es schändlich von ihm und ungemein erniedrigend – für mich und vor allem für Nur. Mir ist unbegreiflich, wie jemand so etwas tun kann. Natürlich war seine Behauptung falsch, wie wir auch nachweisen konnten.

Den eindeutigen Beweis dafür, dass Jeslam log und dass Nur seine Tochter war, konnte allein ein DNA-Test bringen. Nur war gerade neun Jahre alt. Wir mussten alle getestet werden. Nur und ich waren gerade bei der Blutabnahme, als Jeslam in die Klinik kam. Waffa stürzte auf ihn zu und wollte wissen, wieso er so etwas hatte behaupten können. Jeslam würdigte sie keines Blickes. Er ging schnurstracks an seinen Töchtern vorbei.

Von diesem Tag an sprach Jeslam nie wieder ein Wort mit seinen Töchtern oder mit mir.

Die Schlacht ist noch immer nicht zu Ende. Wir sind inzwischen geschieden, Waffa und Nadscha sind volljährig, und Nur untersteht meinem alleinigen Sorgerecht. Aber Jeslam widersetzt sich nach wie vor einer finanziellen Einigung und prozessiert gegen alles und jedes so lange, bis jeder meiner kleinen Siege einen bitteren Beigeschmack bekommt. Manchmal fühle ich mich wie David im Kampf gegen Jeslam als Goliath.

In Saudi-Arabien wäre die Scheidung für Jeslam ganz einfach gewesen. Innerhalb eines halben Tages wäre alles vorbei gewesen, und ich hätte meine Kinder für immer verloren. Aber wir waren in der Schweiz. Und ein Mann glaubte an mich – mein Schweizer Anwalt Frédéric Marti. Ihm und unserer westlichen Rechtsordnung, in der Gleichberechtigung zwischen den Geschlechtern und das Prinzip von Recht und Fairness verankert sind, verdanke ich die Freiheit meiner Kinder.

Jeslam wohnt jetzt in Genf, wie ich auch. Wenn er seinen Töchtern in der Stadt über den Weg läuft, blickt er durch sie hindurch, als wären sie Luft. Er verweigert jeglichen Kontakt zu ihnen und hat sogar versucht, ihr Studium zu verhindern, mit der Begründung, er würde keinen Sinn darin sehen.

Ende der neunziger Jahre beantragte Jeslam die Schweizer Staatsbürgerschaft, zunächst ohne Erfolg. Dann setzte er plötzlich im Jahre 2000 – aus welchen Gründen auch immer – alles daran, einen Schweizer Pass zu erhalten. Er startete sogar eine aufwändige Medienkampagne und behauptete, er brauche die Staatsangehörigkeit, weil er in der Schweiz leben wolle, um weiterhin engen Kontakt zu seinen Kindern haben zu können. In Wirklichkeit hatte er den Kontakt schon viele Jahre zuvor abgebrochen. Ich kann mich nicht des Gedankens erwehren, dass er unsere Kinder nur für seine Interessen ausgenutzt hat. Im Mai 2001 wurde ihm dann ein Schweizer Pass gewährt.

Aber ganz gleich, was für einen Pass er hat, Jeslam ist mittlerweile ein Saudi, wie er im Buche steht.

Er hat uns unablässig mit juristischen Schachzügen das Leben schwer gemacht. Zweimal erhielt ich von einem Gericht in Dschidda eine beängstigende Vorladung. Als mein Anwalt von Jeslam eine Erklärung verlangte, bekam er zur Antwort, es gehe um die saudische Scheidung. Aber ich wusste, dass er log – für eine saudische Scheidung ist das Erscheinen der Ehefrau nicht erforderlich. Ich vermute daher, dass Jeslam mich wegen Ehebruch angezeigt hatte.

In Saudi-Arabien steht darauf die Todesstrafe.

Und falls Jeslam tatsächlich gegen mich Anzeige wegen Ehebruch erstattet hat, wovon ich überzeugt bin, dann hat er mir nicht nur für alle Zeiten den Zugang zu Saudi-Arabien abgeschnitten, sondern zur gesamten islamischen Welt. Ich hätte Angst, irgendein muslimisches Land zu betreten, das enge diplomatische Verbindungen zu Saudi-Arabien unterhält, weil ich ausgeliefert werden könnte. Das dortige Rechtssystem würde ohne weiteres an einer unschuldigen Frau die Todesstrafe vollstrecken. Ich fürchte um mein Leben.

Ich glaube inzwischen, dass die sich endlos hinziehende Scheidung der Preis ist, den ich für die Freiheit meiner Töchter zahlen muss. Aber der lange und erbitterte Kampf ist kein zu hoher Preis, gemessen an dem beruhigenden Wissen, dass meine drei Mädchen jetzt nach ihren Vorstellungen leben können.

Die Ablehnung durch ihren Vater war für unsere heranwachsenden Töchter ungeheuer schmerzhaft. Noch heute leiden sie darunter. Ablehnung – besonders die Ablehnung des Vaters – ist für ein kleines Mädchen schwer zu verkraften. Väterliche Anerkennung und Liebe sind enorm wichtig. Ich weiß, wovon ich spreche; ich war selbst als Kind unendlich traurig und wurde von Schuldgefühlen geplagt, als mein Vater uns verließ. Auch ich habe gelitten, wie meine Töchter. Auch ich dachte, ich trüge vielleicht eine Mitschuld. Es ist schrecklich für mich, das bei meinen Kindern miterleben zu müssen.

Ich frage mich heute, ob Jeslam, wenn er an seine Töchter denkt, sie überhaupt als Individuen sehen kann. Großartige, lebendige, anmutige, intelligente Menschen, die ihm ähnlich sehen. Menschen, die verletzbar sind. Aber vielleicht sieht er sie bloß als Schachfiguren – als Werkzeuge, die er gegen mich einsetzen kann. Vielleicht auch als Feinde. Vielleicht meint er, sie seien seiner Aufmerksamkeit nicht würdig, weil sie westliche Frauen sind, mit einem eigenen Willen und unabhängig. Oder will er nichts mit ihnen zu schaffen haben, weil sie zu mir gehören und wir jetzt Feinde sein müssen?

Mein Kampf um meine Töchter hat mich stärker gemacht. Doch ich glaube, dass Jeslam sich weitaus mehr verändert hat als ich mich. Vielleicht aber war mein Mann ja immer schon ein Saudi: grausam, egozentrisch, arrogant, abschätzig, und seine saudische Herkunft hat ihn einfach irgendwann eingeholt. Ich war blind für die Realität, verliebt und töricht, wähnte mich in einer Liebesgeschichte, wo es doch nur ein Kampf um Macht und Dominanz war. Sobald ich den Gehorsam verweigerte, zerplatzte meine Seifenblase und der Traumprinz wandte sich gegen mich: Es war alles ein saudisches Märchen, und die eigentlichen Leidtragenden für meine Fehler sind meine Kinder.

Waffa und Nadscha sind jetzt erwachsen. Und auch Nur wird es bald sein. Die drei sind schön, begabt und klug. Sie treffen ihre eigenen Entscheidungen, genau so, wie ich es mir immer gewünscht habe.

Ich glaube, sogar ihr Großvater, Scheich Mohammed, wäre stolz auf meine Kinder.

Wir haben beschlossen, unseren Namen – Jeslams Namen – zu behalten. Was auch immer zwischen uns geschehen ist, Jeslam bleibt der Vater meiner Kinder. Und unser Name ist Bin Ladin. Es war einmal ein Name wie jeder andere. Heute ist er ein Synonym für blinde Gewalt und Terror. Natürlich könnten wir versuchen, unseren Namen zu ändern. Aber meine Töchter und ich haben nichts zu verbergen, und wir möchten niemanden täuschen. Die Wahrheit holt einen irgendwann unweigerlich ein, und eine Namensänderung würde nichts daran ändern, wer wir sind.

Sollten meine Töchter irgendwann einmal nach Saudi-Arabien gehen wollen, dann ist das ihre freie Entscheidung – wie es vor langer Zeit meine Entscheidung war. Doch ich hoffe aus ganzem Herzen, dass sie es nie tun werden.

19

Schlusswort

Für viele Menschen markierte der 11. September 2001 den wahren Anfang des neuen Jahrhunderts. Tausende unschuldiger Menschen verloren ihr Leben und noch viel mehr Leben nahmen irreparablen Schaden. Es war ein Alarmsignal. Dieser Tag öffnete dem Westen die Augen für eine enorme und mächtige latente Bedrohung, der sich nur wenige bewusst waren. Zum ersten Mal musste die westliche Welt sich mit der Macht des islamischen Fundamentalismus auseinander setzen, ihre Grundfesten zu erschüttern. Osama Bin Ladin und seine Anhänger – es sind Tausende – waren imstande, unsere Freiheit als Geisel zu nehmen.

Der Angriff auf das World Trade Center nahm uns allen eine gewisse Unschuld. Niemand wird je wieder ohne Beklemmung in ein Flugzeug steigen. Wir sind nicht mehr sicher. Niemand kann sich mehr richtig sicher fühlen, und erst recht nicht meine Töchter und ich.

Ich habe inmitten des Bin-Ladin-Clans gelebt, ich kenne die saudische Gesellschaft. Und ich fürchte um unser aller Zukunft. Meine Furcht – und Empörung – beruht auf meiner Überzeugung, dass die komplexen und eng verwobenen Netzwerke des Bin-Ladin-Clans und des saudischen Königshauses weiter arbeiten.

Ich glaube nie und nimmer, dass die Bin Ladins

Osama verstoßen haben. Ich kann mir einfach nicht vorstellen, dass sie einen Bruder um seine Jahresdividende aus dem Unternehmen ihres Vaters bringen und sie untereinander aufteilen. Das wäre undenkbar – bei den Bin Ladins bleibt ein Bruder ein Bruder, egal, was er getan hat.

Es ist durchaus möglich, dass Osama auch mit der königlichen Familie weiter in Verbindung bleibt.

Die Bin Ladins und die Prinzen arbeiten Hand in Hand. Sie sind verschwiegen, und sie bilden ein geschlossenes System. Seit vielen Jahrzehnten sind sie durch enge freundschaftliche Bande und geschäftliche Unternehmungen verbunden. Die meisten Bin-Ladin-Brüder sind jeweils mit mindestens einem saudischen Prinzen geschäftlich und finanziell eng verbunden (so ist beispielsweise Bakr Bin Ladin der Geschäftspartner von Abd al-Asis Ben Fahd, dem Lieblingssohn des Königs; Jeslam Bin Ladin unterhält sehr gute Verbindungen zu Prinz Meschal Ben Abd al-Asis).

Beide Clans wollen den Anschein erwecken, dass sie in keinerlei Beziehung zu Osama Bin Ladin stehen und nichts mit den fürchterlichen Aktivitäten zu schaffen haben, die zum 11. September führten. Doch abgesehen von einigen öffentlichen Verurteilungen der verbrecherischen Anschläge haben es beide Clans nicht für nötig befunden, den überzeugenden Beweis dafür anzutreten, dass sie Osama Bin Ladin und Al-Qaida in der Vergangenheit weder moralisch noch finanziell unterstützt haben und es auch gegenwärtig nicht tun.

Ich muss mich fragen, warum man es in einem Land, wo keine Steuern gezahlt werden und wo es allgemein üblich ist, Kapital – nur dem Namen nach – vom Namen eines Bruders oder einer Schwester zum anderen zu überweisen, je nachdem, wie es gerade zweckmäßig ist, warum man es also in einem solchen Land für nötig hält, sein Kapital in einem undurchschaubaren Netz von Auslandskonten zu verstecken. Ich fordere die herrschende Klasse Saudi-Arabiens – die Bin Ladins und das Königshaus – offen auf, Einblick in ihre Bücher zu gewähren und der Welt zu zeigen, wo sie steht. Im derzeitigen unsicheren politischen Klima kann es sich niemand leisten, sich hinter dem lahmen Vorwand zu verstecken, seine Privatsphäre zu schützen. Ich halte es für die Pflicht jedes Einzelnen, den Terrorismus mit allen ihm zur Verfügung stehenden Mitteln zu bekämpfen.

Diese Menschen haben für die Außenwelt nur Verachtung übrig. Mancher von ihnen behauptet vielleicht, er sei persönlich liberal eingestellt. Aber die Überzeugungen und die Ideologie ihrer Kultur sind ihnen von Kindheit an in Fleisch und Blut übergegangen – untrennbar mit ihnen verbunden.

Saudis tragen niemals offen einen Streit untereinander aus. Es kann vorkommen, dass Machthunger, Habgier und materielle Interessen die Brüder in einer Familie wie den al-Sauds oder den Bin Ladins entzweien. Aber ihre gemeinsamen Anschauungen, ihre religiösen Überzeugungen und ihre Erziehung stellen so starke Bindeglieder dar, dass sie stets wieder zusammenfinden.

Osama Bin Ladin und seinesgleichen sind nicht fix und fertig dem Wüstensand entsprungen. Sie wurden gemacht. Sie sind das Produkt einer finsteren und intoleranten mittelalterlichen Gesellschaft, die sich gegen die Außenwelt abgeschottet hat. Es ist eine Gesellschaft, die der Hälfte ihrer Bevölkerung die Grundrechte als Menschen abspricht und in der die strengsten Gesetze des Islam bedingungslos befolgt werden müssen.

Trotz der immensen Öleinkünfte des Staates sind die Saudis geprägt durch eine feindselige, reaktionäre Religionsauffassung und ein Ausbildungssystem, das zur Intoleranz erzieht. Sie lernen Verachtung für alles Fremdländische: Nicht-Muslimisches zählt nicht. Die Mütter verziehen ihre Kinder bis hin zur Arroganz. Doch auf der anderen Seite wird bei ihnen jeder natürliche Impuls durch ständige, harte Restriktionen erstickt. Dem Patriarchen gebührt absoluter Gehorsam. Und wenn die Söhne Väter werden, ist ihr Wort Gesetz.

Ich fürchte, wenn Osama stirbt, gibt es Tausende, die seinen Platz einnehmen können. Der Boden in Saudi-Arabien ist fruchtbar, und seine Früchte sind Intoleranz, Arroganz und Verachtung für alle Außenstehenden. Es ist ein Land, in dem es keinen Platz gibt für Nachsicht, Barmherzigkeit, Mitgefühl oder Zweifel. Das Leben ist bis ins Kleinste genormt. Jede Form von Genuss und Emotion ist verboten. Saudis sind der felsenfesten Überzeugung, im Recht zu sein. Sie führen die islamischen Nationen an. Sie wurden in dem Land geboren, in dem Mekka liegt. Sie halten sich für Auserwählte Gottes.

Mir ist bis heute kein Saudi begegnet, der unsere

westliche Gesellschaft ehrlich bewundert. Saudis geben sich nicht offen feindselig (sie sind nur häufig herablassend und arrogant). Sie nutzen gern unsere Technologien, und sie verstehen unsere politischen Systeme. Aber im Innern haben sie nur Verachtung übrig für die in ihren Augen gottlosen, individualistischen Werte und schamlosen Freiheiten des Westens.

Dennoch gibt es in Saudi-Arabien Drogenmissbrauch, Promiskuität und Aids. Und ich habe dort weitaus mehr Heuchelei erlebt als je irgendwo im Westen. Aber solche Dinge werden weder angesprochen noch ehrlich diskutiert. Für Saudis scheint zu gelten: Was verborgen ist, gibt es nicht.

Es muss in diesem Volk geniale Köpfe geben, die nie eine Chance bekommen. Vielleicht hätte Osama so ein genialer Kopf sein können. Doch obwohl er im einundzwanzigsten Jahrhundert lebt, hat er seine Kraft und seinen Einfluss nicht genutzt, um Menschen näher zusammenzubringen – um sich für mehr guten Willen und Toleranz stark zu machen. Nein, er hat sich stattdessen für Zwietracht und Zerstörung entschieden.

Ich glaube, dass Osama letztlich aufgrund des strengen wahhabitischen Glaubens der geworden ist, der er ist. Und ich weiß aus Erfahrung, dass die überwiegende Mehrheit der Menschen in Saudi-Arabien so empfindet wie er. Ihrer Meinung nach kann man gar nicht zu religiös sein. Sie haben keine Möglichkeit, sich persönlich zu entfalten. Sie sind zornig auf den Westen wegen seiner zahllosen, unwiderstehlichen Verlockungen. Sie wollen sich nicht weiterentwickeln, anpassen. Für sie ist es leichter, diese Verlockungen zu zertreten – sie zu vernichten, zu töten, wie eine junge Frau, die eigene Wege gehen will. Ich hoffe, ich täusche mich, aber leider glaube ich, dass die Fundamentalisten, die vom Ölreichtum Saudi-Arabiens leben, kein vorübergehendes Phänomen sind. Ich fürchte, wenn wir, die westliche Welt, nicht wachsam genug sind, findet ihr Terror kein Ende. Sie werden unsere Toleranz nutzen, um unsere Gesellschaft mit ihrer Intoleranz zu durchsetzen.

In den langen Jahren, die ich in Saudi-Arabien verbrachte, und in den vom Scheidungskampf geprägten Jahren danach habe ich darum gerungen, so zu bleiben, wie ich war, und meinen Töchtern etwas zu schenken, das von unschätzbarem Wert ist: Gedankenfreiheit. Ich hoffe, ich habe mich richtig entschieden. Ich weiß nicht, ob diese Freiheit für sie so wichtig ist wie für mich. Als ich jünger war, wusste ich sie wohl auch noch nicht so richtig zu schätzen. Aber als ich spürte, wie sie mir weggenommen wurde – wie sie mir langsam aus den Fingern glitt –, da merkte ich plötzlich, dass ich das nicht hinnehmen konnte.

Ich habe zu viele Frauen erlebt, denen sogar das Recht verwehrt wurde, ihre Kinder zu sehen – die sich der Herrschaft ihrer Männer beugen mussten, weil sie einfach keine andere Wahl hatten. Und ich habe Männer erlebt, die hin- und hergerissen waren zwischen ihren Ambitionen und Wünschen auf der einen Seite und ihrer Erziehung zu Selbstverleugnung und Gehorsam gegenüber den Traditionen ihrer Gesellschaft auf der anderen.

Manchmal frage ich mich, ob ich gegen den Bin-

Ladin-Clan genauso erbittert gekämpft hätte, wenn ich nur Söhne bekommen hätte. In materieller Hinsicht hatte ich zugegebenermaßen ein angenehmes Leben. Doch so verlockend materielle Dinge für mich auch sind, es gibt ein weitaus höheres Gut: Freiheit.

Mir ist durchaus klar, was mich und meine Töchter erwartet, wenn mein Buch erschienen ist: Der mächtige Bin-Ladin-Clan und das saudische Establishment wird uns den Krieg erklären. Wir werden verklagt werden, man wird unsere Integrität in Frage stellen, unsere Glaubwürdigkeit anfechten. In ihrer aller Augen ist es ein Verbrechen, dass wir als Frauen Meinungsfreiheit und den Schutz unserer Grundrechte als Menschen anstreben.

Aber wir werden uns wehren. Unsere Verteidigung ist die Verteidigung der Wahrheit. Unsere Unbeschwertheit, unser Wohlbefinden, unser Sicherheitsgefühl wurden am 11. September 2001 zerstört und begraben. Mehr denn je ist jetzt die Zeit gekommen, die Lügen und die Doppelzüngigkeit, die diese Tragödie ermöglichten, schonungslos beim Namen zu nennen und alles zu tun, um unsere Zukunft zu schützen.

Trotz allem, was wir durchgemacht haben, und ganz gleich, was die Zukunft uns auch bringt, meine Töchter sollen wissen, dass ich es nie bereuen werde, zu ihrem Vater Ja gesagt zu haben. Als junge Frau habe ich ihn über alles geliebt. Leider musste ich später als reifere Frau und als Mutter einsehen, dass ich die Überzeugungen und Werte nicht akzeptieren konnte, die ein so wichtiger Teil von ihm waren.

Meine Töchter sollen wissen, dass ich zutiefst davon überzeugt bin, ihnen mit der Vermittlung meiner Werte zugleich das kostbarste Geschenk von allen gemacht zu haben: Freiheit. Für mich wird es nie einen schöneren Lohn geben als den, meine wunderbaren Töchter anzuschauen und sagen zu können: »Waffa, Nadscha, Nur, ihr habt die Freiheit, so zu leben, wie ihr leben wollt, und vor allem habt ihr die Freiheit, die zu werden, die ihr sein wollt.«

Folgenden Personen
gilt meine tiefe Dankbarkeit und Liebe

meinen Töchtern Waffa, Nadscha und Nur für ihren unglaublichen Mut, ihre Kraft und Unterstützung während dieser langen Jahre des Kampfes. Trotz der schwierigen Zeiten, die sie durchleben mussten, sind sie wunderbare Menschen geworden;
meiner Mutter, die mir immer das Gefühl gegeben hat, geliebt zu werden;
Mary Martha, dafür, dass sie stets für mich da war. Mein Leben wäre ohne sie als Vorbild für mich wesentlich ärmer;
Thomas, der meine Töchter bedingungslos unterstützte und liebte;
Frederic Marty, dessen Verständnis, Wissen und Beharrlichkeit mir ermöglichte, meine Töchter zu behalten
Peter Lilley, der von unserem ersten Treffen an an mich glaubte;
Pierre Alain Schmidt, der den Mut hatte, meinen Fall zu übernehmen und der zu mir stand, als ich allen Mut verloren hatte. Ich weiß, dass wenn es irgendeine Chance geben sollte, sie ihm zu verdanken ist.

Durch die Arbeit an diesem Buch bin ich zwei großartigen Menschen begegnet: Susanna Lea und Ruth Marshall. Ihre Geduld und ihre Unterstützung waren von unschätzbarem Wert. Ich weiß, sie werden immer Teil meines Lebens bleiben.

Und natürlich möchte ich meine besondere Liebe und Dankbarkeit für meine Freunde zum Ausdruck bringen, die auch in den allerschwersten Zeiten stets für mich da waren: Sabine und Matthias Kalina, Lois, John und Shelton West, Ula Sabag, Géraldine, Ulrika, Carlos und Guillaume.